René Descartes

DISCURSO SOBRE O MÉTODO

CONHEÇA NOSSO LIVROS
ACESSANDO AQUI!

Copyright desta tradução © IBC - Instituto Brasileiro De Cultura, 2023

Título original: Discourse on the Method of Rightly Conducting the Reason, and Seeking Truth in the Sciences
Reservados todos os direitos desta tradução e produção, pela lei 9.610 de 19.2.1998.

1ª Impressão 2023

Presidente: Paulo Roberto Houch
MTB 0083982/SP

Coordenação Editorial: Priscilla Sipans
Coordenação de Arte: Rubens Martim
Produção Editorial: Eliana S. Nogueira
Tradução: Hugo Ribeiro
Revisão: Mariângela Belo da Paixão

Vendas: Tel.: (11) 3393-7727 (comercial2@editoraonline.com.br)

Foi feito o depósito legal.
Impresso na China

Dados Internacionais de Catalogação na Publicação (CIP)
de acordo com ISBD

D445d   Descartes, René

Discurso sobre o Método / René Descartes. - Barueri : Camelot Editora, 2023.
80 p. ; 15,1cm x 23cm

ISBN: 978-65-85168-64-9

1. Filosofia. 2. Filosofia francesa. 3. René Descartes. I. Título.

2023-2390   CDD 194
                                         CDU 1(44)

Elaborado por Odilio Hilario Moreira Junior - CRB-8/9949

IBC — Instituto Brasileiro de Cultura LTDA
CNPJ 04.207.648/0001-94
Avenida Juruá, 762 — Alphaville Industrial
CEP. 06455-010 — Barueri/SP
www.editoraonline.com.br

SUMÁRIO

Primeira parte 5
Segunda parte 15
Terceira parte 25
Quarta parte 35
Quinta parte 45
Sexta parte 63

Nota preliminar do autor

Se este discurso parecer muito longo para ser lido de uma só vez, pode ser dividido em seis partes: e, na primeira, pode-se encontrar várias considerações referentes às ciências; na segunda, as principais regras do Método que o autor analisou; na terceira, especificidades das regras da Moral que ele deduziu baseado em seu Método; na quarta, as racionalidades pelas quais ele estabelece a existência de Deus e da Alma Humana, que são os fundamentos de sua Metafísica; na quinta, a ordem das questões de Física que ele investigou, e, particularmente, a explicação do movimento do coração e outras dificuldades pertencentes à Medicina, assim como a diferença entre a alma do homem e a dos animais; e, por último, o que o autor acredita ser necessário para alcançar um avanço maior na investigação da Natureza do que o avanço que foi feito até então, e as razões que o fizeram escrevê-lo.

PRIMEIRA PARTE
(CONSIDERAÇÕES SOBRE AS CIÊNCIAS)

O bom senso é aquilo que melhor se compartilha no mundo; pois cada um acredita ser tão sensato que, mesmo os que têm maior dificuldade em contentar-se com qualquer outra coisa, não têm o hábito de desejar tê-lo mais do que já possuem. Não é verossímil que todos se confundam, porém, antes, isso comprova que a força de julgar e distinguir o verdadeiro do falso, que é justamente o que se denomina o bom senso ou razão, é naturalmente igual em todos; e, ainda, que a diversidade entre nossas opiniões não vem do fato de que uns são mais razoáveis que outros, mas apenas que conduzimos nossos pensamentos por caminhos distintos, e não levamos em consideração as mesmas coisas. A questão não é possuir um bom espírito, mas saber utilizá-lo devidamente. As almas mais hábeis estão suscetíveis aos maiores vícios, como às maiores virtudes; e aqueles que caminham a passos lentos podem chegar mais longe, se seguirem o caminho correto, o que não fazem os que se apressam e dele se distanciam.

Eu jamais presumi que meu espírito fosse mais perfeito que o espírito comum a quase todos; mas, frequentemente desejei ter o pensamento tão ágil, a imaginação tão clara e distinta, a memória tão ampla e tão disponível quanto alguns os têm. Só entendo como qualidade o que serve à perfeição do espírito; pois, ao que diz respeito à razão, ou ao senso, considerando que essa é a única coisa que nos torna humanos e nos distingue dos animais, tendo a acreditar que todos possuem o espírito pleno e a seguir a opinião corrente entre os filósofos que dizem que melhor ou pior são noções que se aplicam apenas aos acidentes, nunca às formas ou à natureza dos indivíduos de uma mesma espécie.

Não dizer que acredito ter tido bastante chance de me encontrar, desde a juventude, em certas veredas que me conduziram a considerações e máximas a partir das quais elaborei um método através do qual penso poder ampliar gradualmente meu conhecimento e elevá-lo, pouco a pouco, ao mais alto ponto que a mediocridade de meu espírito e a curta duração de minha vida me permitirão atingir. Com os frutos já colhidos, ainda que em minhas considerações sobre mim eu procure me inclinar sempre mais à desconfiança que ao orgulho e que, notando com olhar filosófico as ações e os esforços de todos, quase tudo me parece em vão e inútil, não deixo de encontrar uma enorme satisfação no progresso que já creio ter realizado na procura da verdade, e de conceber tamanha esperança pelo que está por vir que se, dentre as ocupações humanas, puramente humanas, existe alguma que seja solidamente boa e importante, ouso dizer que é a essa que escolhi me dedicar.

Todavia, pode acontecer que me equivoque e tome por ouro e diamante um pouco de cobre e de vidro. Sei o quanto estamos sujeitos a nos deixar levar pelo que nos interessa e como, também, são suspeitos os julgamentos de nossos amigos, quando em nosso favor. Mas estarei bem satisfeito em revelar, neste discurso, quais foram os caminhos que segui e apresentar minha vida como se estivesse em um quadro negro, para que cada um possa julgá-la e que, distinguindo dos ruídos as opiniões, seja uma nova maneira de me instruir que acrescentarei às que já tenho por hábito utilizar.

Meu desejo não é o de indicar, aqui, o método que cada pessoa deve seguir para aplicar melhor a sua razão, mas apenas demonstrar de que maneira tentei conduzir a minha. Os que tentam descrever preceitos devem considerar-se mais hábeis que aqueles aos quais os preceitos são destinados; e se omitem o menor detalhe, são passíveis de culpa. Propondo este escrito como uma história ou, se preferirem, como uma fábula, na qual, dentre os exemplos que podem ser imitados encontraremos vários que não deverão ser seguidos, espero que ele seja útil a alguns sem que seja prejudicial a ninguém, e que todos possam reconhecer minha sinceridade.

Fui guardado pelas letras desde minha infância e, convencido de que atrás delas poderia ser alcançado um conhecimento claro e assertivo de tudo que é útil para a vida, tinha um enorme desejo de aprendê-las. Mas, assim que concluí os estudos, a partir dos quais costumamos integrar a linhagem dos cultos, mudei completamente de opinião. Pois me confundi de tal maneira com dúvidas e erros que não me parecia ter conseguido outra coisa, na tentativa de me instruir, que descobrir minha ignorância. Frequentei uma das escolas mais célebres da Europa, onde pensava que encontraria os homens sábios, se é que existissem de fato em algum lugar. Aprendi tudo o que os outros aprenderam e, pouco contente com as ciências que nos eram ensinadas, percorri estantes e estantes por livros que tratassem daquelas consideradas as mais curiosas e as mais raras que poderia ter em minhas mãos. Assim descobria os julgamentos que faziam a meu respeito, e via que não me consideravam inferior aos meus colegas, ainda que houvesse entre eles alguns destinados a ocupar o lugar de nossos professores, o nosso século me pareceu tão fértil e favorável, em matéria de bons espíritos, como os precedentes. O que me fez tomar a liberdade de julgar, e de acreditar que não existia nenhuma doutrina no mundo, tal qual me haviam feito imaginar.

Não deixei, todavia, de considerar os exercícios com os quais se ocupam nas escolas. Sabia que a língua que lá aprendemos era necessária para a compreensão dos livros mais antigos; que a sutileza das fábulas desperta o espírito; que as ações memoráveis das histórias são percebidas e que, lidas com critério, ajudam a formar o juízo; que a leitura de todo bom livro é como uma conversa com as pessoas mais instruídas dos séculos passados, que foram os autores, e mesmo uma conversa aprofundada, onde eles mostram o melhor de suas ideias; que a eloquência possui força e beleza incomparáveis; que a poesia possui delicadeza e doçura tão encantadoras; que a Matemática tem invenções tão sutis que podem servir tanto para satisfazer os curiosos quanto favorecer as artes e reduzir o esforço dos homens; que os escritos que tratam dos costumes possuem muitos ensinamentos e sugestões bastante úteis à prática da virtude; que a Teologia ensina a alcançar o céu; que a Filosofia dá os meios de tratar abertamente de todas as coisas e ser admirado pelos menos cultos; que a Jurisprudência, a Medicina e as outras ciências fornecem honrarias e riquezas a quem as cultiva; e, por fim, que é recomendado examiná-las todas, mesmo as mais supersticiosas e as mais falsas, a fim de valorizá-las corretamente e se prevenir de ser por elas enganado.

Acredito ter dedicado tempo suficiente às línguas e também à leitura de livros antigos, às suas histórias, às suas fábulas. Estar em diálogo com pessoas de outro século é quase viajar. É bom saber dos costumes de diferentes povos, para que possamos julgar os nossos mais razoavelmente e para que não acreditemos que tudo o que diverge de nossos modos é ridículo e insensato, como fazem aqueles que pouco viram. Mas quando se dedica muito às viagens, torna-se estrangeiro no próprio país; e quando nos tornamos excessivamente curiosos por aquilo que se praticava nos séculos passados, nos mantemos ignorantes sobre o que ocorre no século em que vivemos. As fábulas nos permitem imaginar acontecimentos que são, de todo modo, impossíveis, e mesmo as histórias mais verossímeis, se não modificam nem ampliam o valor das coisas a fim de torná-las mais dignas de serem lidas, ao menos omitem frequentemente as circunstâncias mais banais e menos ilustres, de modo que o resto não pareça tal qual é, e que aqueles que orientam seus modos pelos exemplos que encontram estão sujeitos às extravagâncias dos cavaleiros dos nossos romances e a conceber projetos que ultrapassem suas forças.

    Tive grande estima pela eloquência, e amei a poesia, mas acreditava que ambas eram frutos do espírito mais que frutos do estudo. Aqueles que possuem uma razoabilidade mais forte e que sabem sintetizar seus pensamentos a fim de torná-los mais claros e inteligíveis, podem persuadir com mais facilidade e convencer sobre aquilo que propõem, ainda que falem um baixo bretão e que não tenham jamais aprendido a retórica. Aqueles que possuem as invenções mais adoráveis e que sabem exprimi-las com mais enfeite e doçura não deixam de ser os melhores poetas, ainda que desconheçam a arte poética.

    Gostava, sobretudo, das Matemáticas, pela certeza e pela evidência de seus argumentos: mas desconhecia ainda, por completo, suas verdadeiras utilidades; e acreditando que não serviam senão às artes mecânicas, espantava-me que sobre seus fundamentos, tão firmes e concretos, não construíssem nada de mais relevante. Comparava-as aos escritos dos antigos pagãos que tratam dos costumes aos palácios tão majestosos e magníficos, construídos sobre areia e lama. Elevam-nas à mais alta estima e virtude e as tornam as mais estimáveis entre todas as coisas que integram o mundo; mas não ensinam o suficiente para conhecê-las bem, por vezes, o que intitulam com um nome atraente não passa de uma indiferença, ou uma insolência, um desespero, um ato ignóbil como um parricídio.

Sonhava com a nossa teologia, e pretendia mais que ninguém alcançar o Céu, mas tendo aprendido, como coisa certa, que o caminho não é mais aberto aos sábios que aos ignorantes e que as revelações que a ele conduzem estão além de nossa compreensão, não ousei submetê-las à fragilidade de minhas motivações; e pensava que, para poder examiná-las e ser bem-sucedido, seria necessário obter qualquer ajuda extraordinária do Céu, e ser mais que um simples homem.

Não direi nada sobre a Filosofia, senão que, percebendo que ela foi cultivada pelos mais sublimes espíritos que séculos já viveram, e que, no entanto, tudo ainda é objeto de debate, e por consequência duvidoso, não tinha presunção alguma de acertar mais que os outros; e que, considerando quantas opiniões diversas podem orbitar um mesmo assunto, defendidos por pessoas cultas, sem que seja possível ter mais de uma verdadeira, julguei falso quase tudo aquilo que fosse apenas verossímil.

No caso das outras ciências, ainda que elas devessem seus princípios à filosofia, julgava que não seria possível construir nada tão sólido sobre bases tão instáveis; nem a honra, nem o ganho que elas prometem me pareciam suficientes para me incitar a aprendê-las, pois não me sentia, graças a Deus, em uma condição que me obrigasse a fazer da ciência um meio de manutenção de minha fortuna; e, embora não tivesse como profissão o desprezo da glória cinicamente, fazia, ainda assim, pouco caso daquela que eu só poderia alcançar através de títulos falsos. E, enfim, a respeito das más doutrinas, pensava já conhecer seus valores o bastante para que não estivesse sujeito aos enganos de um alquimista, nem às predileções de um astrólogo, nem às imposturas de um ilusionista, nem aos artifícios ou à vaidade de qualquer um daqueles que têm, por profissão, pretender saber mais do que sabem.

É por isso que, assim que minha idade me permitiu fugir à sujeição de meus preceptores, abandonei completamente o estudo das letras; e, certo de não procurar outra ciência que aquela que poderia encontrar em mim mesmo, ou no grande livro do mundo, dediquei o resto de minha juventude às viagens, a conhecer as cortes e os exércitos, a entrar em contato com pessoas de temperamentos e condições tão diversas, a reunir diferentes experiências, a provar para mim mesmo os reencontros que a sorte me propunha, e fazia tamanha reflexão sobre as coisas que surgiam que pude obter algum proveito. Pois me parecia que poderia encontrar muito mais verdade nos argumentos que cada um faz sobre aquilo que lhe é importante, os quais os acontecimentos condenarão logo em seguida, em caso de equívoco, que naqueles feitos por um homem de letras em seu escritório, tratando de especulações que não produzem efeito algum, sem nenhuma consequência, senão que possivelmente lhe tragam tanto mais vaidade quanto mais se distanciam do senso comum, já que ele deverá empregar mais espírito e artifício na tentativa de lhes tornar verossímeis. Eu tive sempre um grande desejo de aprender a distinguir o verdadeiro do falso, para ver mais claramente minhas ações, e caminhar com convicção por esta vida.

É bem verdade que enquanto considerava apenas os costumes dos outros homens, não tinha quase nada em que me sustentar, e que notei neles tanta divergência quanto havia encontrado nas opiniões dos filósofos. De modo que a maior vantagem que obtive foi a de que, notando várias coisas que nos parecem muito extravagantes ou mesmo irrisórias, não deixam de ser reconhecidas e valorizadas por outros povos, aprendi a nunca acreditar tão fortemente naquilo que me foi apresentado só pelo exemplo ou pelo costume; assim me livrei pouco a pouco de muitos enganos que podem obscurecer nossa luz natural e nos tornar menos aptos a aplicar a razão devidamente. Depois de haver dedicado alguns anos ao estudo profundo do livro do mundo, e tentar adquirir alguma experiência, decidi, certo dia, também estudar a mim mesmo, e empregar todos os esforços de meu espírito na escolha dos caminhos que deveria seguir; o que me parece muito melhor, acredito, do que se jamais tivesse distanciado de minha terra e de meus livros.

SEGUNDA PARTE
(AS PRINCIPAIS REGRAS DO MÉTODO)

Estava na Alemanha, onde a circunstância das guerras que ainda não terminaram demandou minha presença; e como havia retornado do coroamento do imperador pelo exército, o começo do inverno me enclausurou em um bairro onde, não podendo me divertir, e nem possuindo, por sorte, nem anseios nem paixões que me atrapalhassem, passei um dia inteiro num quarto bem quente, entretendo-me com meus pensamentos. Entre os quais, um dos primeiros, foi que me recordei que frequentemente não há tanta perfeição nas obras compostas por várias peças, e feitas por várias mãos quanto naquelas feitas por apenas uma pessoa. Assim se vê que os prédios projetados e construídos por um arquiteto apenas costumam ser mais bonitos e mais bem decorados que aqueles reformados por vários, conservando restos das construções anteriores. De modo que esses velhos vilarejos, no princípio pequenos povoados, tornaram-se, lentamente, grandes cidades comumente mal planejadas. Têm o valor de um local comum em que um engenheiro rabisca deliberadamente edifícios em uma folha, ainda que considerados separadamente, percebemos tanta técnica quanto nos outros lugares, todavia, vendo como são dispostos — aqui um grande, lá um pequeno —, e como tornam as ruas assimétricas, se dirá que foi antes o acaso do que a vontade de certos homens, valendo-se da razão que assim os fez. E caso se considere que existiram alguns oficiais encarregados de tomar conta das construções de propriedades privadas, para torná-las úteis ao poder público, se reconhecerá que é difícil trabalhar sobre obras alheias a fim de fazer algo perfeito. Assim imaginei que os povos, antes quase selvagens, sendo pouco a pouco civilizados, criaram suas leis a partir da incomodidade dos crimes e dos conflitos que lhes obrigaram a isso, não tendo tanto controle quanto aqueles que, desde o começo organizados, seguiram as recomendações de um legislador prudente, como é certo que o estado da verdadeira religião, toda ordenada por Deus, deve ser indiscutivelmente melhor que os outros. E, por falar das coisas humanas, acredito que se Esparta foi um dia tão próspera, não foi devido à conveniência de uma de suas leis em particular, considerando que muitas eram inusuais, e até mesmo contrárias aos bons costumes; mas, tendo sido inventadas por apenas uma pessoa, tendiam todas às mesmas finalidades. E assim pensava que as ciências dos livros, pelo menos aquelas com justificativas não mais que plausíveis, sem nenhum exemplo, compostas e acrescentadas com as opiniões de várias pessoas, não são de modo algum tão verdadeiras quanto às simples considerações que pode fazer um homem de bom senso no tocante às coisas que se lhe apresentam. E ainda assim pensava que por sermos crianças antes de sermos adultos, e que fomos por um longo tempo orientados por nossos desejos primários e por nossos educadores, que se opunham frequentemente, e que, nem uns nem outros, não nos aconselhavam sempre da melhor maneira, é quase impossível que nossos julgamentos sejam tão puros ou firmes quanto seriam se tivéssemos o domínio da razão desde que nascemos, e não nos tivéssemos orientado senão por ela.

    É certo que não atiramos ao chão todas as casas de uma cidade com a única finalidade de refazê-las de outra maneira e de torná-las mais atraentes; mas sabemos que vários derrubam as suas próprias casas para refazê-las, e que por vezes são obrigados a isso, quando estão em perigo de cair sozinhas porque suas bases não estão firmes. Através desse exemplo me convenci que não haveria verdadeiramente nenhuma aparência que alguém tivesse por desígnio reformar um Estado, refazendo suas bases, demolindo-o para consertá-lo; nem tão pouco reformar as ciências, ou a ordem estabelecida nas escolas para ensiná-las; mas que, por todos os conselhos que recebi desde há muito em minha crença, não poderia fazer algo melhor do que tomar a decisão de desacreditá-los, a fim de trocá-los depois por outros mais bem adequados, ou pelos mesmos já ajustados ao meu entendimento. E dessa maneira pensei conseguir levar a vida muito melhor do que se construísse sobre velhas bases, e apenas me sustentasse pelos princípios que a mim foram impostos na juventude, sem sequer refletir sobre sua veracidade. Ainda que notasse, nessa tarefa, muitas dificuldades, elas não eram sempre insolúveis nem comparáveis àquelas que se encontram na reforma das coisas relacionadas à esfera pública, por menores que sejam. Estas grandes estruturas são bastante incômodas de erguer quando derrubadas, ou mesmo de recompor estando abaladas, e suas quedas são muito bruscas. Então, por suas imperfeições, caso possuam — e uma única diferença que exista entre elas basta para confirmar que várias as possuem — o uso certamente as suavizou, e mesmo evitou ou corrigiu grande parte delas, as quais não poderíamos, por precaução, reparar; e, aliás, são quase sempre mais toleráveis que as alternativas; da mesma forma que as grandes travessias, que volteiam as montanhas, tornam-se tão coincidentes e aconchegantes à medida que são frequentadas, e é muito melhor segui-las do que tentar ir mais reto, transpondo rochedos e descendo ao fundo dos abismos.

É por isso que eu não saberia de forma alguma reconhecer essas disposições confusas e inquietas que, não sendo firmadas nem por seu nascimento, nem pela sorte à manutenção das relações públicas, não deixam de idealizar sempre alguma reforma; e se eu pensasse que havia alguma coisa sequer neste escrito que poderia tornar-me suspeito de loucura, ficaria muito triste por ter aceitado que ele fosse publicado. Nunca a minha intenção foi mais que uma tentativa de transformar meus próprios pensamentos e de construir sobre uma fundação inteiramente minha. Não é porque minha obra me agradou tanto, e apresento aqui o modelo, que pretendo aconselhar alguém que a imite. Aqueles que foram mais agraciados por Deus terão possivelmente o destino mais evidente; mas acredito sinceramente que este seja já bastante ousado para muitos.

A simples decisão de se desfazer de todas as opiniões que recebemos anteriormente em nossa crença não é um exemplo a ser seguido por cada um. E o mundo não é composto por quase nada além de dois tipos de espíritos aos quais não convém corresponder de maneira alguma, a saber: aqueles que, acreditando serem mais capazes do que são, não podem evitar julgamentos precipitados, nem têm bastante paciência para ordenar todos os seus pensamentos, de modo que, se houvessem uma vez sequer tomado a liberdade de questionar os princípios que receberam, e de desviar do caminho comum, não poderiam jamais escolher a trilha que os conduziria mais adiante, e ficariam perdidos para sempre; e aqueles que, tendo bastante entendimento ou modéstia para julgar que são menos capazes de distinguir o verdadeiro do falso do que alguns, pelos quais podem ser instruídos, devem antes se contentar em seguir os outros do que procurarem sozinhos melhores opiniões.

Eu estaria, certamente, entre estes últimos, se tivesse tido apenas um mestre, ou não soubesse das repetidas discordâncias entre as opiniões dos mais sábios. Mas tendo aprendido desde a escola que não saberíamos imaginar nada tão estranho e tão pouco provável que não tivesse sido falado por algum filósofo; e mais, nas minhas viagens, tendo reconhecido que todos aqueles que possuem sentimentos muito contrários aos nossos não são por isso bárbaros nem selvagens, mas utilizam tanto ou mais da razão que nós; e tendo considerado que um mesmo homem, com seu mesmo espírito, sendo criado desde sua infância entre os franceses ou entre os alemães, torna-se diferente daquilo que teria sido se tivesse morado entre os chineses ou os canibais, e como, até quanto ao nosso modo de vestir, a mesma coisa que nos agradou há dez anos, e que nos agradará talvez por outros dez, pode nos parecer agora extravagante e ridícula; de modo que o hábito e o exemplo nos orientam muito mais do que alguma noção determinada; e que, todavia, a pluralidade de opiniões não é de todo dispensável para as verdades um pouco complicadas de se descobrir, porque é muito mais verossímil que apenas um homem as encontre do que um povo inteiro; eu não poderia escolher ninguém cujas opiniões me parecessem dever ser preferidas às de outros, e me senti como que obrigado a buscar meu próprio caminho.

Mas, como um homem que caminha solitário e na obscuridade, resolvi andar tão lentamente e tomar bastante cuidado com todas as coisas que, embora não avançasse muito, ao menos evitaria cair. Nem mesmo quis começar a rejeitar completamente nenhuma das opiniões que tive em outro momento da minha crença, sem terem sido incorporadas pela razão, antes de dedicar tanto tempo ao projeto da obra que eu pretendia realizar, na busca pelo verdadeiro método para chegar ao conhecimento de tudo o que meu espírito fosse capaz de assimilar.

Tinha estudado um pouco, enquanto era mais novo, entre os campos da Filosofia, da Lógica, entre os da Matemática, da Geometria e da Álgebra, três artes ou ciências que pareciam contribuir de alguma maneira para o meu objetivo. Examinando-as reparei na lógica, que seus silogismos e a maioria dos demais conceitos servem antes para explicar de outra forma as coisas que sabemos, ou mesmo, como a arte de Lúlio, para falar sem julgamento, daquelas que se ignoram, do que para aprendê-las; e ainda que ela contenha de fato muitos preceitos bons e verdadeiros, existem sempre tantos outros misturados, que são perniciosos ou supérfluos, que é quase tão impossível separá-

-los, quanto esculpir uma Diana ou uma Minerva em um bloco de mármore ainda virgem.

Sobre a análise dos antigos e a álgebra dos modernos, além de não se estenderem senão muito abstratamente, e de parecem não ter nenhuma utilidade, a primeira é tão restrita à consideração das figuras que não se pode exercitar o entendimento sem causar fadiga à imaginação; e, está tão submetida a certas regras e números que se fez dela uma arte confusa e obscura que transtorna o espírito, em vez de uma ciência que o cultive. Isso me fez pensar que deveria procurar outro método que, concentrando os avanços desses três, não tivesse seus defeitos. E como o excesso de leis possibilita frequentemente a absolvição para os vícios, um Estado é muito melhor regido quando, tendo muito poucas, são assertivamente aplicadas; assim, no lugar dessa grande variedade de preceitos que compõem a Lógica, acreditei serem suficientes os quatro seguintes, contanto que tomasse uma firme e constante decisão de não deixar de considerá-los uma vez sequer:

O primeiro era não reconhecer nenhuma coisa sem que a conhecesse evidentemente por verdadeira; isto é, evitar com muito cuidado a precipitação e o preconceito, e não considerar nada em meu juízo que não se apresentasse tão claramente e tão distintamente ao meu espírito, que não tivesse nenhuma intenção de duvidar.

O segundo, apontar cada uma das dificuldades encontradas naquilo que examinava, o mais detalhadamente possível e o quanto fosse necessário para melhor resolvê-las.

O terceiro, conduzir ordenadamente meus pensamentos, começando pelos objetos mais simples e pelos mais fáceis de conhecer, para avançar pouco a pouco, gradualmente, até o conhecimento dos mais complexos, supondo até mesmo a sequência daqueles que não se relacionam uns com os outros naturalmente.

E o último, classificar tão inteiramente e tão minuciosamente, que eu estivesse seguro de não omitir nada.

Essa longa cadeia de argumentos, todos simples e fáceis, os quais os geômetras têm o hábito de utilizar para chegar às suas demonstrações mais difíceis, me permitiram imaginar que todas as coisas que podem estar sujeitas ao conhecimento dos homens se ligam da mesma maneira, e que, desde que não se tome nenhuma por verdadeira que não o seja, e que nos atentemos sempre à ordem necessária para deduzi-las umas das outras, nenhuma será tão distante que não se alcance, nem tão escondida que não se descubra. E não me preocupei demais em saber por quais começar: já sabia que seria pelas mais simples e fáceis; e, considerando que entre todos aqueles que até aqui pesquisaram a verdade através das ciências, apenas os matemáticos foram capazes de encontrar algumas demonstrações, isto é, algumas justificativas certas e evidentes, não duvidaria que tenham sido examinadas por eles mesmos; embora não esperasse nenhuma outra utilidade, senão que elas acostumassem meu espírito a se nutrir das verdades, e não se contentar com falsos argumentos.

Mas não por isso tenho o objetivo de tentar aprender todas as ciências aplicadas que denominamos comumente matemáticas; e vendo que ainda que seus objetos sejam diferentes, elas não deixam de estar todas em concordância naquilo que elas consideram como os diferentes resultados ou proporções encontradas, pensei que valeria mais a pena que eu examinasse somente essas proporções de maneira geral, supondo apenas que nos assuntos que servissem para tornar meu conhecimento mais eficiente, sem restringi-los, a fim de poder aplicá-los melhor a todos os outros casos aos quais conviessem. Depois, sabendo que para conhecê-los teria necessidade, umas vezes, de considerar cada um isoladamente, outras vezes, de mantê-los juntos ou compreendê-los em conjunto, pensava que, para considerá-los melhor em sua particularidade, deveria representá-los com mais detalhes em minha imaginação e em meus sentidos; mas que, para recolhê-los, ou compreendê-los conjuntamente, deveria explicá-los, o quanto fosse possível, através de dados mais concisos; e que, dessa maneira, tiraria o melhor proveito da análise geométrica e da álgebra, e corrigiria todos os erros de uma através da outra.

Como de fato ouso dizer que a observação precisa dessa pequena quantidade de princípios que havia escolhido me permitiu, com tamanha facilidade, solucionar todas as questões que essas duas ciências abrangem, tendo começado pelas mais simples e mais gerais, e cada verdade que encontrei foi uma referência de que me servi em seguida para encontrar outras, não apenas cheguei à conclusão de várias que havia anteriormente considerado muito complicadas, como me pareceu, ainda, para o fim poder determinar, nessas mesmas que ignorava, por quais meios e até onde seria possível solucioná-las.

Nisso, talvez, eu não pareça tão vão, se considerarem que, cada coisa tendo uma única verdade, qualquer pessoa que a encontre a sabe tanto quanto se possa saber; e que, por exemplo, uma criança instruída em aritmética, fazendo uma adição segundo as regras, pode estar certa de ter encontrado, no que diz respeito ao resultado, tudo aquilo que o espírito humano é capaz de encontrar: pois, finalmente, o método que ensina a seguir a ordem verdadeira e a classificar com precisão todas as circunstâncias daquilo que se procura, contém tudo aquilo que dá certeza às regras da aritmética.

Porém, o que mais me contentava nesse método era que por ele estava seguro de utilizar em tudo a minha razão, senão perfeitamente, ao menos o melhor possível: além disso, sentia, ao praticá-lo, que meu espírito se acostumava pouco a pouco a conceber mais claramente e mais distintamente seus objetos; e que, não o sujeitando a nenhum assunto específico, prometia-me aplicá-lo tão utilmente às dificuldades das outras ciências quanto havia feito com as da álgebra. Não que por isso ousasse começar a examinar todas aquelas que surgiam, mesmo porque iria contrariar a ordem que ele prescreveu: mas, tendo em conta que seus princípios seriam todos emprestados da Filosofia, na qual eu não encontrava nenhum princípio seguro, pensava que deveria tentar de tudo para nela estabelecê-los; e que, sendo isso a coisa mais importante do mundo, e que a precipitação e a prevenção eram os maiores perigos, não devia de modo algum tentar concluir esta empreitada antes de ter atingido uma idade mais madura do que aquela de vinte e três anos que tinha então, sem que tivesse me preparado por muito tempo, tanto extraindo de meu espírito todas as más indicações que havia recebido naquele tempo, quanto acumulando diversas experiências, transformando-as na matéria futura de meus julgamentos, e me exercitando sempre no método que me havia prescrito, a fim de me estabelecer nele cada vez mais.

TERCEIRA PARTE
(ALGUMAS REGRAS SOBRE A MORAL INFERIDAS DO MÉTODO)

Enfim, como não é suficiente, antes de começar a reconstruir o lugar onde vivemos, não basta demoli-lo, e fazer a provisão de materiais e arquitetos, ou aplicar-se a si mesmo na arte da arquitetura e, além disso, ter rabiscado cuidadosamente o projeto, é necessário ainda que se tenha algum outro lugar conveniente para alojar-se durante o tempo que nele se trabalhará; assim, a fim de não me prolongar por muito tempo sem uma resolução para as minhas ações, durante o tempo em que a razão me obrigasse a acertar meus juízos, e de não deixar de viver o mais alegremente possível, estabeleci para mim mesmo uma moral provisória, que consistia em três ou quatro máximas, as quais desejo muito apresentar.

A primeira era obedecer às leis e aos costumes de meu país, conservando constantemente a religião a qual Deus me deu a graça de ser instruído desde minha infância, e me orientando, em tudo mais, seguindo as opiniões mais moderadas e as mais distanciadas do excesso que fossem comumente postas em prática pelos mais sensatos com os quais eu teria que conviver. Porque, começando desde então a desconsiderar as minhas próprias convicções, pois queria examinar todas repetidas vezes, estava certo de não poder fazer nada melhor do que seguir aquelas ditadas pelos mais sensatos. E ainda que exista tanta gente sensata entre os persas ou os chineses quanto entre nós, me parecia que a coisa mais útil era regular minhas ações segundo aquelas com as quais teria que viver; e que, por saber quais eram verdadeiramente suas opiniões, devia considerar muito mais aquilo que praticavam do que aquilo que diziam, não somente porque, dada a corrupção de nossos costumes, existam poucas pessoas que desejam dizer tudo o que acreditam, mas também porque vários outros os ignoram completamente; pois sendo a ação de um pensamento, pela qual cremos em uma coisa, diferente daquela pela qual se conhece que se crê, frequentemente uma não acompanha a outra. E entre várias opiniões igualmente recebidas, não escolhia senão as mais moderadas, tanto porque são sempre as mais cômodas para serem praticadas, e provavelmente as melhores, pois todo excesso é comumente pernicioso, mas também com o fim de me desviar o menos possível do verdadeiro caminho, no caso de me enganar, do que se, tendo escolhido um dos extremos, tivesse que seguir o outro. E particularmente, considerava como excessos todas as promessas pelas quais eliminamos algo relacionado à nossa própria liberdade; não que eu desaprovasse as leis, que, para remediar a inconstância dos espíritos mais frágeis, permitem, desde que se tenha um bom desígnio, ou mesmo, para a segurança do comércio, alguma intenção apenas indiferente, que se façam votos ou contratos que obriguem a perseverar nele; mas como não via no mundo nada que permanecesse sempre no mesmo estado, e como, no que me concerne, eu me prometia aperfeiçoar cada vez mais meus juízos, e não prejudicá-los ainda mais, eu teria pensado estar cometendo uma grande injustiça contra o bom senso, se, por aprovar então alguma coisa, fosse obrigado a considerá-la boa ainda depois, quando deixasse de ser, ou quando eu deixasse de considerá-la dessa maneira.

Minha segunda máxima era de ser o mais firme e o mais resoluto possível em minhas ações, e não seguir menos constantemente as opiniões mais duvidosas quando estivesse seguro de que fossem bastante acertadas; imitando nisso os viajantes que, encontrando-se perdidos em alguma floresta, não devem seguir circulando nem por uma, nem por outra direção, nem tampouco permanecer parado em apenas um lugar, mas caminhar sempre o mais reto possível em um mesmo sentido, e não deixar de fazê-lo por motivos menores e insignificantes, ainda que, no começo, somente o acaso tivesse determinado suas escolhas; pois, desse modo, se não chegam exatamente aonde desejam, ao menos chegam a algum lugar onde provavelmente estarão mais seguros que no meio de uma floresta. E assim, as ações da vida não se prolongando mais que o necessário, é uma verdade muito certa que quando não está em nosso poder discernir as opiniões mais verdadeiras, devemos seguir as mais plausíveis; e mesmo que ainda não notemos nenhuma diferença entre as probabilidades de umas e de outras, devemos escolher algumas, e considerá-las depois, não tanto como duvidosas na medida em que se orientam na prática, mas como bastante verdadeiras e corretas, pois o motivo que nos fez determiná-las assim o é. E isso foi capaz, desde então, de me livrar de todos os arrependimentos e os remorsos que costumam afligir as consciências desses espíritos frágeis e volúveis que se deixam constantemente praticar, como se fossem boas, coisas que acabam descobrindo más.

 Minha terceira máxima era de tentar sempre vencer a mim mesmo do que a sorte, e mudar meus pensamentos do que a ordem do mundo, e geralmente me acostumar a acreditar que não há nada que esteja inteiramente em nosso poder, a não ser os nossos pensamentos, assim, depois que fazemos o nosso melhor em relação às coisas que nos cercam, tudo aquilo que nos resta conseguir é, em relação a nós, absolutamente impossível. E apenas isso me parecia ser suficiente para me impedir de não desejar nada que, no futuro, não pudesse conseguir, e, assim, para me deixar contente; pois nossa vontade não se inclinando naturalmente a desejar nada que ao nosso entendimento não se apresente como possível, é certo que se consideramos todos os bens que estão distantes de nós como igualmente afastados de nosso poder, não lamentaremos mais a falta daqueles que nos parecem devidos por nascimento, quando nos forem privados sem nossa culpa, do que lamentamos não possuir os reinos da China ou do México; e que, fazendo, como se diz, da necessidade uma virtude, não desejaremos mais estar saudáveis estando doentes, ou de sermos livres estando na prisão, do que desejamos agora de ter os corpos de uma matéria tão incorruptível quanto os diamantes, ou as asas para voar como os pássaros. Mas reconheço que seja necessário um longo exercício, e uma meditação contínua, para se acostumar a olhar por esse prisma todas as coisas; e acredito que é principalmente nisso que consiste o segredo desses filósofos que puderam em outro momento se abster do império a fortuna e, não obstante as dores e a miséria, demandar o êxtase aos seus deuses. Pois, se ocupando incessantemente com a consideração dos limites que a natureza prescreveu para cada um, se convenciam tão perfeitamente que nada além de seus pensamentos estava ao seu alcance, que apenas isso era suficiente para impedi-los de ter afeição por outras coisas; e eles dispunham deles tão absolutamente que tinham por isso algum motivo de se considerarem mais ricos e mais potentes e mais livres e mais felizes do que qualquer homem que, não tendo essa filosofia, por mais privilegiados pela natureza e pela fortuna que sejam, não dispõem nunca de tudo o que desejam.

Enfim, para concluir essa moral, ocorreu-me fazer uma revisão sobre as variadas ocupações às quais podem se aplicar os homens nesta vida, para tentar escolher a melhor; e, sem querer dizer nada sobre as demais, pensei que não havia nada melhor a fazer que continuar naquela em que me encontrava, isto é, dedicar toda a minha vida ao cultivo da minha razão, e me antecipar tanto quanto possível no sentido do conhecimento da verdade, seguindo o método que havia estabelecido. Havia provado contentamentos tão extremos depois que tinha começado a me servir desse método, que não acreditava que se poderia, nesta vida, receber outros mais doces ou mais inocentes; e descobrindo todos os dias através dele algumas verdades que me pareciam bastante importantes e que eram comumente ignoradas por outras pessoas, a satisfação que obtinha preenchia de tal modo o meu espírito que todo o resto me era indiferente. Além disso, as três máximas anteriores estavam fundamentadas sobre o desígnio que tinha de continuar a me instruir; pois, Deus tendo dado a cada um alguma luz para discernir a verdade e a mentira, não acreditava dever me contentar com as opiniões alheias em nenhum momento, se não me houvesse proposto empregar meu próprio juízo em considerá-las quando fosse possível; e não saberia me isentar de ter todo cuidado ao segui-las, se não esperasse, assim, perder nenhuma oportunidade de encontrar melhores, caso existissem; e enfim, não saberia limitar meus desejos nem me contentar, senão tivesse seguido o caminho pelo qual, pensando estar seguro da aquisição de todos os conhecimentos de que fosse capaz, pensava estar, pelo mesmo meio, ao alcance de todos os bens que algum dia viessem a mim; tanto mais que, nossa vontade se inclinando a seguir ou a fugir de alguma coisa à qual nosso entendimento representa boa ou má, basta julgar bem para bem o fazer, e julgar o melhor que se possa fazer também seu melhor, isto é, para conquistar todas as virtudes juntamente a todos ou outros bens que se possa conquistar; e quando se está certo disso, não se pode deixar de estar contente.

Depois de ter me assegurado sobre essas máximas, e de tê-las colocado à parte das verdades da fé, que foram sempre as primeiras em minha crença, julguei que de todo o resto de minhas opiniões poderia livremente tentar me desfazer. E visto que eu esperava poder fazer melhor conversando com os homens do que ficando enclausurado no ambiente confortável onde havia elaborado todos esses pensamentos, o inverno mal tinha terminado quando voltei a viajar. E, durante os nove anos seguintes, não fiz mais que rodar aqui e ali pelo mundo, tentando ser antes um espectador que um ator em todas as peças que nele se representam; e refletindo particularmente em cada matéria sobre aquilo que poderia torná-la suspeita e nos dar oportunidade de cometer enganos, arrancava, entretanto, de meu espírito todos os equívocos que nele puderam se fixar anteriormente. Não que eu imitasse por isso os céticos, que duvidam apenas por duvidar, e dão a impressão de serem sempre indecisos; pois, ao contrário, todo meu desígnio era apenas de me assegurar, e rejeitar a areia movediça e o pó para encontrar a pedra e a argila. O que consegui, me parece, muito bem, tanto que, na tentativa de descobrir a falsidade e a incerteza das proposições que examinava, não por frágeis conjecturas, mas por raciocínios claros e assertivos, não encontrava nada tão duvidoso que não tirasse pelo menos algumas conclusões acertadas, quanto mais não fosse a própria conclusão de que não continha nada de certo. E como, demolindo uma velha construção, reserva-se normalmente os materiais da demolição para servir na construção de uma nova, assim, destruindo todas aquelas minhas opiniões que julgava ser mal fundamentadas, eu fazia diversas observações e acumulava várias experiências que me serviram depois para estabelecer outras mais acertadas. Ademais, continuava a me exercitar através do método que havia estabelecido; pois não apenas tomava o cuidado de conduzir de maneira geral todos os meus pensamentos segundo as regras, como me reservava de tempos em tempos algumas horas, as quais aplicava particularmente na prática de problemas de matemática, ou ainda em alguns outros que eu pudesse tornar semelhantes àqueles da matemática, destacando-os de todos os princípios das outras ciências que não considerasse tão sólidos, como verão que fiz em vários que estão explicados neste volume. E assim, sem viver de outra maneira aparente senão como aqueles que, não tendo outra ocupação que levar uma vida doce e inocente, estudam separar os prazeres dos vícios e que, para aproveitar seu lazer sem se entediar, se valem de todas as diversões que são honestas, não deixava de procurar meus desígnios e de tirar proveito do conhecimento da verdade, possivelmente mais do que se tivesse apenas lido e convivido com gente das letras.

Todavia, esses nove anos se escoaram antes que eu já tivesse tomado partido de alguns dos problemas que costumam ser matéria de disputa entre os sábios, nem começado a procurar os fundamentos de nenhuma filosofia mais certa que a vulgar. E o exemplo de vários e excelentes espíritos que, tendo em outro momento tido esse desígnio, me parecia não ter conseguido ser bem-sucedido, me fazia imaginar tamanha dificuldade que possivelmente não teria, tão cedo, ousado empreendê-lo, se não tivesse visto que alguns já faziam correr o rumor de que eu já o havia conseguido. Não saberia dizer sobre o que fundamentavam essa opinião; e se eu tiver contribuído com qualquer coisa em meus discursos, deve ter sido confessando mais ingenuamente aquilo que ignorava do que costumam fazer aqueles que estudaram um pouco e talvez, ainda, mostrando as motivações que eu tinha de duvidar de muitas coisas que os outros estimavam como certas, em vez de me gabar por alguma doutrina. Mas tendo o coração bom o bastante para não querer ser tomado por alguém que não sou, pensava que seria necessário tentar de todas as formas me tornar digno da reputação que me atribuíam; e faz exatamente oito anos que esse desejo me fez decidir por me distanciar de todos os lugares onde pudesse ter conhecidos, e vir para aqui, em um país onde a longa duração da guerra estabeleceu tais ordens, que os exércitos que aqui se encontram parecem servir senão a fazer com que se aproveite dos frutos da paz com muito mais segurança, e onde, entre a multidão de um povo tão ativo, e mais preocupado com suas próprias questões do que curioso sobre as dos outros, sem que me falte nenhuma das comodidades que existem nas cidades mais frequentadas, pude viver tão solitário e isolado quanto nos desertos mais remotos.

QUARTA PARTE
(PROVAS DA EXISTÊNCIA DE DEUS E DA ALMA HUMANA OU FUNDAMENTOS DA METAFÍSICA)

Não sei se devo falar com vocês sobre as primeiras meditações que fiz a esse respeito; pois elas são tão metafísicas e tão pouco comuns, que não serão talvez do gosto de todo mundo; e, todavia, a fim de que se possa julgar se os fundamentos que usei são firmes o bastante, me sinto de alguma maneira obrigado a falar delas. Há muito tempo percebi que, no que diz respeito aos costumes, é preciso, às vezes, seguir opiniões que sabemos serem muito incertas, como se fossem indubitáveis, como foi dito anteriormente; mas visto que eu desejava então me ocupar somente com a busca da verdade, pensei que fosse necessário fazer justamente o contrário, e rejeitar como absolutamente falso tudo aquilo em que pudesse imaginar a menor dúvida, a fim de concluir se não restaria depois disso qualquer coisa em minha crença que fosse completamente inquestionável. Assim, porque os nossos sentidos nos confundem às vezes, quis supor que não houvesse coisa alguma que fosse como eles nos fazem imaginar; e porque existem homens que se equivocam raciocinando, mesmo no que se refere às mais simples matérias de geometria, e nelas cometem falácias, julgando que eu estava sujeito ao erro tanto quanto qualquer outro, rejeitei como falsas todas as razões que eu havia tomado antes por demonstrações; e enfim, considerando que todos os pensamentos que nós temos estando acordados podem também ocorrer enquanto dormimos sem que haja, porém, neles nenhum que seja verdadeiro, decidi simular que todas as coisas que um dia vieram em minha mente eram tão pouco verdadeiras quanto as ilusões de meus sonhos. Mas, logo depois, percebi que, enquanto pretendi que tudo fosse falso, era necessário que eu, que o percebia, fosse alguma coisa; e, notando que esta verdade: penso, logo existo, era tão firme e tão assegurada que todas as suposições mais extravagantes dos céticos não foram capazes de abalar, julguei que podia aceitá-la, sem receio, como o primeiro princípio da filosofia que eu procurava.

Depois, examinando com cuidado o que eu era, e percebendo que eu podia simular que eu não tinha nenhum corpo, e que não havia nenhum mundo ou lugar onde eu existisse; mas que não podia fingir por isso que eu não existia; e que, ao contrário, como pretendia duvidar da verdade das outras coisas, seguia-se muito evidentemente e muito certamente que eu existia; de modo que, se eu tivesse apenas parado de pensar, ainda que todo o resto daquilo que alguma vez imaginara que fosse verdadeiro, eu não teria nenhum motivo para acreditar que tivesse existido; entendi, assim, que eu era uma substância cuja única essência ou natureza consiste apenas em pensar, e que, para existir, não precisa de nenhum lugar nem depende de nada material; de modo que esse eu, isto é, a alma, pela qual eu sou o que sou, é completamente distinta do corpo e, mesmo, que é mais fácil de se conhecer do que ele e que, ainda que ele não existisse, ela continuaria a ser tudo o que ela é.

Depois disso, considerei em geral o que é preciso para uma proposição ser certa e verdadeira; pois, como acabava de encontrar uma que eu sabia ser dessa maneira, pensei que devia saber também em que consiste essa certeza. E tendo notado que não existe absolutamente nada nesse penso, logo existo, que me assegure de que digo a verdade, senão que vejo muito nitidamente que para pensar é preciso existir, julguei que podia tomar por regra geral que as coisas que concebemos muito claramente e muito distintamente são todas verdadeiras, mas que há apenas certa dificuldade em perceber bem quais são aquelas que compreendemos distintamente.

Em seguida, refletindo sobre o fato de que eu duvidava e que, por conseguinte, meu ser não era totalmente perfeito, pois eu via tão claramente que era uma perfeição maior conhecer que duvidar, ocorreu-me procurar de onde aprendi a pensar em alguma coisa mais perfeita do que eu era; e descobri evidentemente que devia ser de uma natureza que fosse de fato mais perfeita. No que diz respeito aos pensamentos que tinha sobre muitas outras coisas fora de mim, como o céu, a Terra, a luz, o calor e mil outras, não me parecia ser tão difícil saber de onde vinham porque, não notando neles nada que parecesse torná-los superiores a mim, eu podia acreditar que, se fossem verdadeiros, seriam complementares a minha natureza, na medida em que ela tivesse alguma perfeição e, se não o fossem, eu os tirava do nada, isto é, que faziam parte de mim porque eu tinha defeitos. Mas não podia acontecer o mesmo com a ideia de um ser mais perfeito do que o meu; pois, tirá-la do nada era uma coisa manifestamente impossível; e visto que não há menos repugnância em que o mais perfeito seja uma consequência e um complemento do menos perfeito, que do nada venha alguma coisa, eu muito menos conseguiria tirá-la de mim mesmo. De modo que restava apenas que tivesse sido colocada em mim por uma natureza que fosse verdadeiramente mais perfeita do que eu, e que tivesse em si todas as perfeições das quais eu poderia ter alguma ideia, isto é, para me explicar em uma palavra, que fosse Deus. Ao que acrescentei que, visto que conhecia algumas perfeições que eu não possuía, eu não era o único ser que existia (usarei livremente aqui, se não se importarem, alguns termos da Escola); mas que era preciso que houvesse algum outro mais perfeito, do qual eu dependesse, e a partir do qual tivesse adquirido tudo o que eu tinha: pois, se eu estivesse só e não dependesse de qualquer outro, de modo que eu tivesse recebido de mim mesmo todo esse pouco que eu compartilhava com o Ser perfeito, eu poderia receber de mim, pelo mesmo motivo, todo o excedente que eu sabia que me faltava e ser eu mesmo, então, infinito, eterno, imutável, onisciente, todo-poderoso e, enfim, ter todas as perfeições que poderia perceber estar em Deus. Porque, seguindo os raciocínios que eu acabo de fazer, para conhecer a natureza de Deus, tanto quanto a minha fosse capaz, eu só tinha que considerar, sobre todas as coisas que em mim eu tivesse alguma noção, se era perfeição ou não as possuir; e estava seguro de que nenhuma daquelas coisas que apresentavam qualquer imperfeição existiam nele, mas que todas as outras existiam. Como eu via que a dúvida, a inconstância, a tristeza ou coisas parecidas, não podiam existir nele, visto que eu mesmo desejaria me livrar delas. Além disso, eu tinha ideias sobre várias coisas sensíveis e corporais; pois, já que supunha estar sonhando e que tudo o que via e imaginava era falso, não podia negar, entretanto, que suas ideias não existiam verdadeiramente em meu pensamento; mas, dado que eu já havia reconhecido em mim muito claramente que a natureza inteligível é diferente da corporal, visto que toda composição revela a dependência, e que a dependência é manifestamente um defeito, julguei por isso que não pudesse ser uma perfeição em Deus ser composto por essas duas naturezas e que, por conseguinte, ele não o era; mas que se houvesse qualquer corpo no mundo ou então qualquer inteligência ou outra natureza que não fosse totalmente perfeita, seu ser deveria depender do poder dele, de modo que não pudesse subsistir sem ele por um momento sequer.

Quis procurar depois disso outras verdades; e tendo me voltado ao objeto dos geômetras, que concebia como um corpo contínuo, ou um espaço indefinidamente extenso em comprimento, largura e altura ou profundidade, divisível em diversas partes, que podiam ter vários aspectos e várias grandezas, e serem movidas ou transpostas de todas as maneiras, pois os geômetras supõem tudo isso em seu objeto, percorri algumas das suas mais simples demonstrações; e, tendo notado que essa grande certeza, que todos lhes atribuem, está fundada somente no fato de elas serem concebidas com evidência, segundo a regra que enunciei há pouco, notei também que nada havia nelas que me garantisse a existência de seu objeto; pois, por exemplo, eu via bem que, supondo um triângulo, era necessário que os seus três ângulos fossem iguais a dois retos; mas não via, apesar disso, nada que me certificasse que houvesse no mundo um triângulo. Ao passo que, voltando a examinar a ideia que eu tinha de um ser perfeito, descobri que a existência nele estava compreendida da mesma maneira que está compreendida naquela de um triângulo no qual os três ângulos são iguais a dois retos ou, naquela de uma esfera, que todas as suas partes estão igualmente distantes de seu centro, ou mesmo, ainda mais evidentemente; e que, por conseguinte, é ao menos tão certo que Deus, que é esse Ser tão perfeito, é ou existe, quanto qualquer demonstração de geometria poderia ser.

Mas o que faz com que muitos se convençam de que há dificuldade em conhecê-lo, e mesmo de conhecer o que é a própria alma, é que eles jamais elevam seu espírito para além das coisas sensíveis, e estão de tal maneira acostumados a nada considerar senão imaginando, que é uma maneira particular de pensar as coisas materiais, que tudo o que não é imaginável lhes parece não ser inteligível. O que é tão manifesto pelo fato de que, mesmo os filósofos têm como máxima, nas escolas, que não há nada no entendimento que não tenha estado primeiramente nos sentidos onde, entretanto, é certo que as ideias de Deus e da alma jamais estiveram. E me parece que aqueles que queiram usar a imaginação para compreendê-las fazem o mesmo que se, para ouvir os sons ou sentir os aromas, quisessem se servir dos olhos, senão que existe ainda essa diferença, que o sentido da visão não nos garante menos a verdade de seus objetos do que fazem aqueles do olfato ou da audição; ao passo que nem nossa imaginação nem nossos sentidos poderiam jamais nos garantir coisa alguma se o nosso entendimento não interviesse.

Enfim, se existem ainda pessoas que não estejam tão convencidas da existência de Deus e de sua alma pelos argumentos que eu trouxe, quero que saibam que todas as outras coisas das quais se pensam talvez mais seguros, como ter um corpo, e que existem astros e uma Terra, e coisas parecidas, são menos certas; pois, ainda que se tenha uma certeza moral dessas coisas, que é tal que pareça que, a menos que se seja extravagante, não se poder dela duvidar. Todavia, ainda, a menos que se seja insensato, quando é o caso de uma certa metafísica, não se pode negar que seja motivo bastante para não estarmos inteiramente assegurados dela, que se possa, da mesma maneira, achar, estando dormindo, que se tem outro corpo, e que se vê outros astros e uma outra Terra, sem que isso seja uma realidade. De onde se sabe que os pensamentos que chegam em sonho são mais falsos do que os outros, visto que frequentemente eles não são menos vívidos e explícitos? E ainda que os melhores espíritos os estudem tanto quanto desejarem, não acredito que possam dar nenhuma justificativa que seja suficiente para tirar essa dúvida se não pressuperem a existência de Deus. Pois, primeiramente, aquilo mesmo que eu, há pouco, admiti por regra, a saber, que as coisas que concebemos muito claramente e muito distintamente são todas verdadeiras, só é assegurado pelo fato de que Deus é ou existe, e porque ele é um ser perfeito, e porque tudo o que existe em nós vem dele; daí se segue que nossas ideias ou noções, sendo coisas reais e que vêm de Deus, em tudo que são claras e evidentes, só podem, portanto, ser verdadeiras. De modo que, se muito frequentemente notamos noções ou ideias que contêm falsidade, não são talvez senão aquelas que têm alguma coisa de confuso e de obscuro, pois nisso elas fazem parte do nada, ou seja, elas estão em nós assim confusas apenas porque não somos todos perfeitos. E é evidente que não há menos repugnância em admitir que a falsidade e a imperfeição venham de Deus enquanto tal, do que o há em acreditar que a verdade ou a perfeição venham do nada. Mas se não soubéssemos que tudo o que existe em nós de real e de verdadeiro vem de um Ser perfeito e infinito, por mais claras e distintas que fossem nossas ideias, não teríamos nenhum motivo que nos assegurasse que elas tivessem a perfeição de serem verdadeiras.

Ora, depois que o conhecimento de Deus e da alma nos fez assim, certos dessa regra, é bem fácil saber que os sonhos que imaginamos estando adormecidos não devem, de modo algum, nos fazer duvidar da verdade dos pensamentos que temos enquanto estamos acordados. Pois se acontecesse, mesmo dormindo, que tivéssemos uma ideia muito clara como, por exemplo, que um geômetra inventasse uma nova demonstração, seu sono não a impediria de ser verdadeira. E quanto ao equívoco mais comum de nossos sonhos, que consiste em representar-nos diversos objetos da mesma maneira que o fazem nossos sentidos, não importa que ele nos dê oportunidade de desconfiar da veracidade de tais ideias, porque elas podem também nos enganar, muito frequentemente, sem que estejamos dormindo; como quando aqueles que têm icterícia enxergam tudo da cor amarela, ou que os astros ou outros corpos muito distantes nos pareçam muito menores do que realmente são. Enfim, seja acordado, seja dormindo, não devemos jamais nos deixar convencer senão pela evidência de nossa razão. E se deve notar que digo de nossa razão e não de nossa imaginação ou de nossos sentidos, pois ainda que vejamos o sol muito claramente, não devemos julgar que ele seja do tamanho que o vemos; e bem podemos imaginar distintamente uma cabeça de leão no corpo de uma cabra, sem que seja preciso concluir que exista no mundo uma quimera, porque a razão não nos diz que o que vemos ou imaginamos seja assim verdadeiro; mas ela nos diz realmente que todas as nossas ideias ou noções devam ter algum fundamento verdadeiro; pois não seria possível que Deus, que é todo perfeito e todo-poderoso, as tivesse colocado em nós; e, visto que nossos raciocínios não são nunca tão evidentes nem tão inteiros durante o sono quanto durante a vigília, ainda que às vezes nossas imaginações sejam tão ou mais vívidas e explícitas, a razão também nos diz que, nossos pensamentos não podendo ser todos verdadeiros, já que não somos todos perfeitos, o que possuem de verdade deve inevitavelmente se encontrar naqueles que temos estando acordados, mais do que em nossos sonhos.

QUINTA PARTE
(ORDEM DAS QUESTÕES SOBRE FISIOLOGIA)

Eu ficaria muito contente em dar continuidade, e em demonstrar aqui toda a cadeia das outras verdades que deduzi dessas primeiras; mas já que, para este efeito, seria necessário que eu falasse agora de várias questões que são controversas entre os sábios, com os quais não tenho a intenção de me aborrecer, creio que será melhor que eu me abstenha, e que eu diga somente de maneira geral quais são, a fim de deixar aos mais sábios a decisão se seria útil que o público fosse informado mais particularmente sobre isso. Eu permaneci sempre firme na decisão que havia tomado de não supor nenhum outro princípio senão aquele do qual acabo de me valer para demonstrar a existência de Deus e da alma, e de não reconhecer como coisa verdadeira nada que não me parecesse mais claro e mais certo do que me haviam antes parecido as demonstrações dos geômetras; e, no entanto, não apenas ouso dizer que encontrei um meio de me satisfazer, em pouco tempo, no que diz respeito a todas as principais dificuldades que se tem o costume de tratar na Filosofia, mas ainda que notei certas leis que Deus, de tal maneira, estabeleceu para a natureza, e das quais projetou tais noções em nossas almas que, após termos refletido bastante sobre elas, não poderíamos duvidar que não sejam exatamente observadas em tudo o que há e em tudo que se faz no mundo. Assim, considerando a sequência dessas leis, me parece ter descoberto muitas verdades mais úteis e mais importantes do que tudo aquilo que eu havia aprendido anteriormente ou mesmo suposto aprender.

Visto que tentei explicar as principais em um tratado que algumas considerações me impedem de publicar, não poderia melhor fazê-las saber do que dizendo aqui resumidamente o que nele contém. Eu tinha a intenção de compreender nele tudo o que eu pensava saber, antes de reescrevê-lo, no tocante à natureza das coisas materiais. Porém, assim como os pintores que, não podendo igualmente representar bem em um quadro plano todas as diversas faces de um corpo sólido, escolhem uma das principais que colocam sozinha voltada para o dia e, sombreando as outras, só as fazem aparecer na medida em que possamos vê-las olhando a principal; assim, temendo não poder pôr em meu discurso tudo aquilo que tinha no pensamento, tentei apenas expor de maneira bastante ampla o que sabia da luz. Depois, no momento oportuno, acrescentar alguma coisa sobre o sol e as estrelas fixas, pois a luz procede quase toda deles, sobre os céus, porque eles a transmitem; sobre os planetas, os cometas e a Terra, pois a fazem refletir; e, em especial, sobre todos os corpos que existem sobre a Terra, porque ou são coloridos, ou transparentes, ou luminosos; e enfim sobre o homem, pois é seu espectador. Mesmo, para sombrear um pouco todas essas coisas, e poder dizer mais livremente aquilo que julgava, sem ser obrigado a seguir nem refutar as opiniões que são acolhidas entre os sábios, me decidi a deixar todo esse mundo às suas disputas, e a falar apenas sobre o que poderia acontecer em um novo, se Deus criasse agora em alguma parte, nos espaços imaginários, matéria bastante para compô-lo, e se agitasse diversamente e sem ordem as diferentes partes dessa matéria, de modo que compusesse com ela um caos tão confuso quanto os poetas o possam inventar, e que depois não fizesse outra coisa senão dar a sua contribuição comum à natureza, e deixá-la agir segundo as leis que estabeleceu. Assim, em primeiro lugar, descrevi essa matéria, e tentei representá-la de tal maneira que não exista nada no mundo, pelo que me parece, nem mais claro, nem mais inteligível, exceto o que há pouco foi dito de Deus e da alma; pois supus expressamente que não havia nela nenhuma dessas formas ou qualidades sobre as quais se discute nas escolas, nem nenhuma coisa cujo conhecimento não fosse tão natural às nossas almas que não se pudesse mesmo pretender ignorá-la. Além disso, fiz ver quais eram as leis da natureza; e, sem apoiar minhas justificativas sobre nenhum outro princípio senão o das perfeições infinitas de Deus, tentei demonstrar todas aquelas acerca das quais se pudesse originar qualquer dúvida, e mostrar que elas são tais que, ainda que Deus tivesse criado vários mundos, não poderia existir nenhum onde deixassem de ser observadas. Depois, mostrei como a maior parte da matéria desse caos deveria, em consequência dessas leis, se dispor e se organizar para que se tornasse semelhante ao nosso céu; como, também, algumas de suas partes deveriam compor uma Terra e alguns dos planetas e dos cometas, e outras um Sol e as estrelas fixas. E aí, estendendo-me sobre o assunto da luz, expliquei ainda qual era aquela que se deveria encontrar no Sol e nas estrelas, e como dali ela atravessava em apenas um instante os imensos espaços dos céus, e como se refletia dos planetas e dos cometas para a Terra. Acrescentei a isso ainda várias coisas no tocante à substância, à localização, aos movimentos, todas as demais qualidades desses céus e desses astros; de modo que eu pensava dizer a esse respeito o bastante para mostrar que não se nota nada naqueles deste mundo que não devesse ou, pelo menos, que não pudesse parecer semelhante àqueles do mundo que eu descrevia. Daí comecei a falar particularmente da Terra: como, ainda que eu tivesse expressamente suposto que Deus não pusera nenhum peso na matéria da qual foi feita, todas as suas partes não deixavam de tender exatamente para o seu centro; como, tendo água e ar sobre a sua superfície, a disposição dos céus e dos astros, principalmente da Lua, devia causar nela um fluxo e um refluxo, que fosse semelhante, em todas as circunstâncias, àquele que se nota em nossos mares e, além disso, um certo direcionamento tanto da água quanto do ar, do levante ao poente, como se observa também entre os trópicos; como as montanhas, as fontes, os mares e os rios podiam naturalmente nela se formarem, e os metais surgirem nas minas, e as plantas crescerem nos campos, e, em geral todos os corpos aos quais se dá o nome de mistos ou compostos se engendrarem dela. Entre outras coisas, porque além dos astros eu não conheço nada neste mundo, senão o fogo, que produza a luz, dediquei-me a fazer entender bem claramente tudo o que pertence a sua natureza, como se faz, como se nutre, como às vezes apenas há calor sem luz, e às vezes apenas luz sem calor; como pode introduzir diversas cores em diversos corpos e muitas outras qualidades; como derrete alguns e endurece outros; como pode consumir quase todos ou convertê-los em cinza ou em fumaça; e, enfim, como dessas cinzas, pela simples violência de sua ação, ele forma o vidro; por essa transmutação de cinzas em vidro, me parecer ser tão admirável quanto nenhuma outra que se realize na natureza, tive um prazer todo particular em descrevê-la.

Não pretendia inferir que este mundo havia sido criado da maneira que propunha, pois é bem mais verossímil que, desde o princípio, Deus o tinha tornado tal como devia ser. Mas é certo, e é uma opinião comumente compartilhada entre os teólogos, que a ação pela qual ele agora o conserva é exatamente aquela pela qual ele o criou: de modo que ainda que não o tivesse dado no começo outra forma que não aquela do caos, desde que, tendo estabelecido as leis da natureza, lhe deu sua contribuição para ela agir, assim como tem costume, pode-se acreditar, sem comprometer o milagre da criação, que apenas por isso todas as coisas que sejam puramente materiais poderiam, com o tempo, se tornarem tais quais as vemos no presente; e sua natureza é bem mais fácil de conceber quando as vemos nascer pouco a pouco desse modo, do que quando as consideramos completamente prontas.

Da descrição dos corpos inanimados e das plantas, passei àquela dos animais, e particularmente àquela dos homens. Posto que não tinha ainda tanto conhecimento para falar deles do mesmo estilo que do resto, isto é, demonstrando os efeitos através das causas, e mostrando de quais sementes e de que modo a natureza os deve produzir, contentei-me em supor que Deus tivesse formado o corpo de um homem inteiramente parecido com um dos nossos, tanto na aparência exterior de seus membros quanto na conformação interior de seus órgãos, sem o compor de outra maneira que não aquela que eu havia descrito, e sem pôr nele, no começo, nenhuma alma racional, nem nenhuma outra coisa para lhe servir de alma vegetal ou sensitiva, senão que provocasse em seu coração um desses fogos sem luz que eu já havia explicado, e que não concebia nenhuma outra natureza, que não aquela que aquece o feno quando o armazenam sem que esteja seco, ou que faz entrar em ebulição os vinhos novos quando os deixam fermentar sobre o bagaço. Examinando as funções que podiam estar nesse corpo, em decorrência disso, encontrava exatamente todas aquelas que podem estar em nós sem que pensemos nelas, nem por conseguinte que a nossa alma, isto é, essa parte distinta do corpo de cuja natureza, como foi dito acima, consiste apenas nesse pensar, para isso contribua, e que são todas as mesmas, daí se pode dizer que os animais sem razão nos assemelham sem que eu possa encontrar, para isso, nenhuma daquelas razões que, sendo dependentes do pensamento, sejam as únicas que nos pertencem enquanto humanos, ao passo que eu as achava, a todas, supondo que Deus criou uma alma racional, e que a juntou a esse corpo de uma maneira que eu descrevia.

A fim de que se possa ver de que maneira eu tratava esse assunto, quero colocar aqui a explicação do movimento do coração e das artérias que, sendo o primeiro e o mais geral que se observa nos animais, se julgará facilmente, a partir dele, o que se deve pensar de todos os outros. E a fim de que se tenha menos dificuldade em entender o que direi sobre isso, gostaria que aqueles que não têm instrução em anatomia se dessem ao trabalho, antes de ler isso, de ver cortar o coração de um grande animal que tenha pulmões, pois é em tudo bastante parecido àquele do homem, e que reparem nas duas câmaras ou concavidades que nele existem: em primeiro lugar aquela que está do lado direito, a qual correspondem dois tubos bem largos; a saber, a veia cava, que é o principal receptáculo do sangue, é como o tronco de uma árvore, da qual todas as outras veias do corpo são os ramos; e a veia arteriosa, que foi assim mal nominada, porque é na verdade uma artéria, a qual, tendo sua origem no coração, se divide, ao sair dele, em várias ramificações que vão se espalhar por todas as partes nos pulmões. Depois, aquela que está do lado esquerdo, à qual correspondem, da mesma maneira, dois tubos que são tão ou mais largos que os anteriores; a saber, a artéria venosa, que foi também mal nomeada, porque não é outra coisa senão uma veia, a qual vem dos pulmões, onde é dividida em várias ramificações entrelaçadas com aquelas da veia arteriosa, e àquelas do conduto que se chama garganta, por onde entra o ar da respiração; e ainda, a grande artéria que, saindo do coração, lança seus ramos por todo o corpo. Gostaria que vissem também as onze pequenas peles que, como várias portas pequenas, abrem e fecham as quatro aberturas que existem nessas duas concavidades: a saber, três à entrada da veia cava, onde estão de tal maneira dispostas que não podem, de modo algum, impedir que o sangue que ela contém flua para a concavidade direita do coração e entretanto impedem exatamente que possam dela sair; três à entrada da veia arteriosa que, estando dispostas ao contrário, permitem ao sangue que está nessa concavidade passar aos pulmões, mas não o que está nos pulmões retornar a ela; e assim duas outras à entrada da artéria venosa, que deixam fluir o sangue para a concavidade esquerda do coração, mas se opõe ao seu retorno; e três à entrada da grande artéria, que lhe permitem sair do coração, mas o impedem de retornar a ele. Não é necessário procurar outro motivo para o número dessas peles, senão a de que a abertura da artéria venosa, sendo oval devido ao lugar em que se encontra, pode ser devidamente fechada com duas, enquanto que as outras, sendo redondas, podem sê-lo melhor com três. Além disso, gostaria que considerassem que a grande artéria e a veia arteriosa são de uma composição muito mais dura e muito mais firme do que a artéria venosa e a veia cava; e que essas duas últimas se expandem antes de entrar no coração, e aí fazem como que duas bolsas, chamadas as orelhas do coração, compostas por uma carne semelhante à desse; e que há sempre mais calor no coração do que em qualquer outra parte do corpo; e enfim, que esse calor é capaz de fazer com que, se entrar alguma gota de sangue em suas concavidades, ela se infle prontamente e se dilate, como fazem de maneira geral todos os líquidos, quando os deixamos cair gota a gota em algum recipiente que esteja muito quente.

Depois disso, não preciso dizer mais nada para explicar o movimento do coração, exceto que, quando suas concavidades não estão cheias de sangue, ele corre então da veia cava para a concavidade direita e da artéria venosa para a esquerda, visto que esses dois vasos estão sempre cheios, e suas aberturas, que estão sempre voltadas para o coração, não podem então ser obstruídas; mas, tão logo tenham entrado assim duas gotas de sangue, uma em cada uma das suas concavidades, essas gotas, que são sempre muito grossas, pois as aberturas por onde entram são muito largas e os vasos de onde vêm muito cheios de sangue, se tornam rarefeitas e se dilatam, por causa do calor que aí encontram, fazendo inflar todo o coração, empurram e fecham as cinco pequenas portas que estão nas entradas dos dois vasos de onde vêm, impedindo assim que desça mais sangue até o coração; e, continuando a tornarem-se cada vez mais rarefeitas, empurram e abrem as seis outras pequenas portas que estão nas entradas dos dois outros vasos, pelos quais saem, fazendo inflar, assim, todos os ramos da veia arteriosa e da grande artéria, quase no mesmo instante que o coração; se desinfla, como fazem também essas artérias, porque o sangue que entrou nelas esfria e suas seis pequenas portas se fecham novamente, e as cinco da veia cava e da artéria venosa se abrem de novo, e dão passagem a duas outras gotas de sangue, que fazem novamente inflar o coração e as artérias, e assim continuamente. E como o sangue, que entra assim no coração, passa por essas duas bolsas que se chamam de suas orelhas, o movimento dessas é contrário ao seu, fazendo com que se desinflem quando ele se infla. No mais, a fim de que aqueles que não conhecem a força das demonstrações matemáticas e não estão acostumados a distinguir as verdadeiras justificativas das verossímeis, não se arrisquem a negar isso sem o examinar, quero avisá-los que esse movimento que eu acabo de explicar procede também necessariamente da mera disposição dos órgãos que se podem ver com os olhos atentos ao coração, e do calor que se pode sentir com os dedos, e da natureza do sangue que se pode conhecer por experiência, como o movimento que faz um relógio através da força, do posicionamento e das características de seus contrapesos e engrenagens.

Caso se pergunte como o sangue das veias não se esgota, correndo assim continuamente para o coração, e como as artérias não ficam cheias demais, visto que tudo aquilo que passa no coração vai dar nelas, não preciso responder outra coisa além do que já foi escrito por um médico da Inglaterra, ao qual é preciso dar o mérito de ter rompido o gelo nesse assunto, e por ser o primeiro a explicar que existem várias pequenas passagens nas extremidades das artérias, por onde o sangue que recebem do coração entra nos pequenos ramos das veias, de onde vai outra vez para o coração; de modo que seu caminho não é outra coisa senão uma circulação perpétua. O que ele prova muito bem pela experiência habitual dos cirurgiões que, tendo ligado o braço parcialmente, acima do ponto onde abrem a veia, fazem com que o sangue saia dela de maneira mais abundante do que se não o tivessem ligado; e aconteceria exatamente o contrário se eles o ligassem abaixo, entre a mão e a abertura, ou se o ligassem muito forte acima. Pois é evidente que a ligadura, não muito apertada, podendo impedir que o sangue, que já está no braço, retorne ao coração pelas veias, não impede por isso que ele para aí venha sempre de novo pelas artérias, pois elas estão situadas embaixo das veias, e porque suas peles, sendo mais rígidas, são menos fáceis de pressionar; e ainda porque o sangue que vem do coração tende com mais força a passar por elas para a mão do que retornar daí para o coração pelas veias. Visto que esse sangue sai do braço pela abertura que existe em uma das veias, deve necessariamente haver algumas passagens abaixo da ligadura, isto é, para as extremidades do braço, por onde possa vir das artérias. Ele também prova muito bem o que diz da passagem do sangue, por certas pequenas peles, que estão de tal maneira dispostas em diversos pontos ao longo das veias, que não lhe permitem passar do meio do corpo para as extremidades, mas somente retornar das extremidades para o coração; e, além disso, pela experiência que mostra que todo o sangue que está no corpo pode dele sair em muito pouco tempo por uma única artéria quando ela é cortada, ainda que ela fosse precisamente ligada muito perto do coração, e cortada entre ele e a ligadura, de modo que não houvesse nenhum motivo para imaginar que o sangue que daí saísse viesse de alguma outra parte.

Existem várias outras coisas que dão testemunho de que a verdadeira causa do movimento do sangue é a que eu disse. A diferença que se nota entre o sangue que sai das veias e aquele que sai das artérias só pode decorrer do fato de que, estando rarefeito e como que destilado ao passar pelo coração, é mais sutil e mais vivo e mais quente logo depois de ter saído, isto é, estando nas artérias, do que o é apenas um pouco antes de entrar nele, isto é, estando nas veias. E, se observarmos, veremos que essa diferença só aparece bem na direção do coração, e não tanto nos lugares que dele estejam mais afastados. A rigidez das peles das quais a veia arteriosa e a grande artéria são compostas mostra suficientemente que o sangue bate contra elas com mais força do que contra as veias. E por que a concavidade esquerda do coração e a grande artéria seriam mais amplas e mais largas do que a concavidade direita e a veia arteriosa, se não porque o sangue da artéria venosa, só tendo chegado aos pulmões depois que passou pelo coração é mais sutil e se rarefaz mais fortemente e mais facilmente que aquele que vem diretamente da veia cava? E o que os médicos podem deduzir ao sentir o pulso, se não souberem que, conforme o sangue muda de natureza, ele pode tornar-se rarefeito pelo calor do coração mais ou menos forte, e mais ou menos rápido do que antes? E se examinarmos como esse calor se transmite para os outros membros, não é preciso provar que é por meio do sangue que, passando pelo coração, nele se aquece e então se espalha por todo o corpo: motivo pelo qual, se tirarmos o sangue de alguma parte, tiramos da mesma forma o calor; e ainda que o coração fosse tão ardente quanto ferro em brasa, não seria o bastante para aquecer os pés e as mãos como faz, se não lhes enviasse constantemente sangue novo. Depois, também se sabe daí que o verdadeiro uso da respiração é trazer bastante ar fresco aos pulmões para fazer com que o sangue que aí chega da concavidade direita do coração, onde tornou-se rarefeito e como que vaporizado, se engrosse e se converta em sangue novamente, antes de voltar a cair na concavidade esquerda, sem o que não poderia estar apropriado para servir de alimento para o fogo que aí está; o que se confirma quando vemos que os animais que não têm pulmões têm apenas uma única concavidade no coração, e que as crianças, que não os podem usar enquanto estejam recolhidos no ventre de suas mães, têm uma abertura por onde corre sangue da veia cava para a concavidade esquerda do coração, e um conduto por onde ele vem da artéria venosa para a grande artéria, sem passar pelos pulmões. E como ela se faria a digestão no estômago, se o coração não lhe transmitisse calor pelas artérias, e com esse, algumas das partes mais fluidas do sangue, que ajudam a dissolver os alimentos que aí colocamos? E a ação que converte o sumo desses alimentos em sangue não é fácil de conhecer, se considerarmos que ele se destila, passando e repassando pelo coração, talvez mais de cem ou duzentas vezes por dia? E o que mais é preciso para explicar a nutrição e a produção dos diversos fluidos que existem no corpo, senão dizer que a força com que o sangue, ao se tornar rarefeito, passa do coração para as extremidades das artérias faz com que algumas de suas partes se retenham entre aquelas dos membros em que se encontram, e aí tomem o lugar de algumas outras que elas expulsam e que, conforme a posição, ou o aspecto, ou a miudeza dos poros que se encontram, umas vão para alguns lugares em vez de outros, da mesma forma que cada qual pode ter visto diversos filtros que, sendo diversamente perfurados, servem para separar diferentes grãos uns dos outros? E enfim, o que há de mais notável em tudo isso é a formação dos espíritos animais, que são como um vento muito sutil, ou antes, como uma chama muito pura e muito viva que, subindo contínua e abundantemente do coração ao cérebro, vai de lá, pelos nervos, aos músculos, e dá movimento a todos os membros, sem que seja necessário imaginar outra causa que faça com que as partes do sangue, que sendo as mais agitadas e as mais penetrantes são as mais apropriadas para compor esses espíritos, cheguem mais ao cérebro do que a outros lugares. As artérias que as carregam até aí são aquelas que vêm do coração mais diretamente e que, segundo as regras da mecânica, que são as mesmas que as da natureza, quando várias coisas tendem juntas a se moverem para um mesmo lado onde não haja lugar bastante para todas, assim como as partes do sangue que saem da concavidade esquerda do coração tendem para o cérebro, as mais frágeis e as menos agitadas devem ser desviadas pelas mais fortes que, por esse meio, para aí vão sozinhas.

 Eu expliquei bastante particularmente todas essas coisas no tratado que eu tinha então a intenção de publicar. E, em seguida, mostrei nele qual deve ser a estrutura dos nervos e dos músculos do corpo humano, para fazer com que os espíritos animais, estando dentro, tenham força para mover seus membros: assim como se vê que as cabeças, um pouco depois de serem cortadas, ainda se mexem e mordem a terra mesmo não estando mais animadas; quais mudanças se devem fazer no cérebro para causar a vigília, e o sono, e os sonhos; como a luz, os sons, os odores, os gostos, o calor e todas as outras qualidades dos objetos exteriores nele podem inspirar diversas ideias por meio dos sentidos; como a fome, a sede e as outras pulsões interiores também podem lhe transmitir as suas; o que deve nele ser reconhecido pelo senso comum, onde essas ideias são recebidas pela memória, que as conserva, e pela fantasia, que as pode diversamente modificar e lhe compor novas, e, pelo mesmo meio, distribuindo os espíritos animais pelos músculos, fazer mover os membros desse corpo de tantas formas distintas, quer a propósito dos objetos que se apresentam aos seus sentidos ou das pulsões interiores que estão nele, que os ossos se possam mover sem a vontade os conduzir. O que não irá parecer nem um pouco estranho àqueles que, sabendo quão diversos autômatos ou máquinas móveis, a indústria dos homens pode fazer, sem nisso empregar senão algumas peças, em comparação à grande multiplicidade de ossos, músculos, nervos, artérias, veias e todas as outras partes que existem no corpo de cada animal, vão considerar esse corpo como uma máquina que, tendo sido feita pelas mãos de Deus, é incomparavelmente melhor organizada e apresenta movimentos mais admiráveis do que qualquer uma daquelas que possam ser inventadas pelos humanos. E eu tinha me detido aqui particularmente para mostrar que, se houvesse tais máquinas que tivessem os órgãos e a aparência exterior de um macaco ou de qualquer outro animal sem razão, não teríamos nenhum meio para reconhecer que elas não seriam em tudo da mesma natureza que esses animais; enquanto que, se houvesse alguma que fosse semelhante aos nossos corpos, e imitasse nossas ações quando fosse moralmente possível, teríamos sempre dois meios muito seguros para reconhecer que eles não seriam por isso verdadeiros homens. O primeiro é que jamais poderiam usar palavras nem outros sinais, estruturando-os como fazemos para comunicar nossos pensamentos aos outros. Pode-se bem reconhecer que uma máquina seja de tal maneira feita que emita palavras, e mesmo que profira algumas a respeito de ações corporais que causem alguma alteração em seus órgãos como: se alguém a toca em algum lugar e ela faz uma pergunta que foi programada; se em um outro, ela grita que lhe fazem mal, e coisas parecidas; mas não que ela as organize distintamente para responder ao sentido de tudo aquilo que se disser na sua presença, assim como os homens mais embrutecidos são capazes de fazer. E o segundo é que, mesmo que fizessem várias coisas tão bem, ou ainda melhor do que qualquer um de nós, fracassariam inevitavelmente em algumas outras, pelas quais se descobriria que não agem por sabedoria, mas apenas pela disposição de seus órgãos. Enquanto a razão é um instrumento universal que pode servir em todo tipo de situações, esses órgãos precisam de alguma disposição específica para cada ação específica; de onde se segue que seja moralmente impossível que haja variantes suficientes em uma máquina para fazê-la agir, em todas as ocorrências da vida, da mesma forma que a nossa razão nos faz agir.

Ora, por esses dois mesmos meios, se pode também conhecer a diferença que existe entre os homens e os animais, pois é uma coisa bastante notável que não existam homens tão embrutecidos e tão ignorantes, sem excetuar sequer os loucos, que não sejam capazes de ordenar juntas diversas palavras, e com elas compor um discurso pelo qual façam entender suas ideias; e que, ao contrário, não exista outro animal, tão perfeito e tão bem-nascido que possa ser, que faça coisa parecida. O que não acontece porque tenham falta de órgãos, pois vemos que as pegas e os papagaios podem emitir palavras como nós e, mesmo assim, não podem falar como nós, isto é, justificando que pensem o que dizem; enquanto que os homens que, tendo nascido surdos e mudos, são privados dos órgãos que servem aos outros para falar, tanto ou mais do que os animais, têm o costume de inventar por conta própria alguns sinais, pelos quais se fazem entender por aqueles que, estando regularmente com eles, têm a oportunidade de aprender sua língua. E isso não testemunha apenas que os animais têm menos razão do que os homens, mas que não têm nenhuma de fato, pois se vê que é preciso muito pouco para saber falar; e visto que se nota desigualdade entre os animais de uma mesma espécie, bem como entre os homens, e que uns são mais fáceis de domesticar do que outros, não é plausível que um macaco ou um papagaio que fossem os mais perfeitos de sua espécie não se igualassem nisso a uma criança das mais estúpidas, ou pelo menos a uma criança que tivesse o cérebro perturbado, se sua alma não tivesse uma natureza totalmente diferente da nossa. E não se deve confundir as palavras com os movimentos naturais, que evidenciam as pulsões, e podem ser imitados por máquinas, bem como pelos animais; nem pensar, como alguns antigos, que os animais falem, apesar de não entendermos sua linguagem. Pois, se isso fosse verdade, visto que possuem vários órgãos correspondentes aos nossos, poderiam se fazer entender tanto por nós quanto por seus semelhantes. É também uma coisa bastante notável que, embora existam vários animais que mostram mais criatividade do que nós em algumas de suas ações, vemos, todavia, que não mostram nenhuma em muitas outras; de modo que aquilo que fazem melhor do que nós não prova que tenham espírito pois, por conta disso, eles o teriam mais do que qualquer um de nós e fariam melhor todas as outras coisas; mas, antes, que não têm nenhum e que é a natureza que age neles segundo a disposição de seus órgãos: como vemos que um relógio, que é composto apenas de engrenagens e molas, pode contar as horas e medir o tempo mais precisamente do que nós com toda a nossa prudência. Eu havia descrito, em seguida, a alma racional, e mostrado que ela não pode, de nenhum modo, ser derivada da potência da matéria, assim como as outras coisas de que havia falado, mas que ela deve ser criada expressamente; e como não é suficiente que ela esteja acomodada no corpo humano, assim como um capitão em seu navio, senão talvez para mover seus membros, mas que é necessário que esteja junta e unida mais estreitamente a ele, para ter, além disso, sentimentos e vontades semelhantes aos nossos, e assim compor um verdadeiro homem. No mais, me estendi aqui um pouco sobre o tema da alma, por ser dos mais importantes; pois, após o erro daqueles que negam a Deus, o qual penso ter antes refutado suficientemente, não há nenhum que afaste mais os espíritos frágeis do caminho certo da virtude, do que supor que a alma dos animais tenha a mesma natureza que a nossa e que, por conseguinte, nada tenhamos a temer nem a esperar depois dessa vida, não mais do que as moscas e as formigas; ao passo que, quando se sabe o quanto são diferentes, se compreende muito melhor os motivos que comprovam que a nossa é de uma natureza inteiramente independente do corpo e, consequentemente, que não está sujeita a morrer com ele; então, uma vez que não se encontram outras causas que a destruam, somos naturalmente levados a concluir daí que ela é imortal.

SEXTA PARTE
(COISAS NECESSÁRIAS PARA AVANÇAR NA PESQUISA DA NATUREZA)

Ora, faz agora três anos que eu cheguei ao fim do tratado que contém todas essas coisas, e que comecei a revisá-lo a fim de colocá-lo nas mãos de um impressor, quando soube que pessoas a quem tenho respeito, e cuja autoridade não tem menos poder sobre minhas ações do que minha própria razão sobre meus pensamentos, haviam desaprovado uma conclusão de física publicada um pouco antes por algum outro, da qual não quero dizer que eu fosse defensor, mas nada notara a respeito dela, antes da sua censura, que eu pudesse imaginar ser prejudicial nem à religião nem ao Estado, e que, por conseguinte, houvesse me impedido de escrevê-la se a razão de tal maneira me houvesse sugerido, e que isso me fez temer que se encontrasse, da mesma forma, alguma entre as minhas opiniões na qual eu estivesse equivocado, não obstante o grande cuidado que eu sempre tive de não reconhecer em minha crença as que não tivessem demonstrações muito seguras, e de não escrever nenhuma que pudesse ser desvantajosa para alguém. Esse fato foi suficiente para me obrigar a mudar a decisão que eu havia tomado de as publicar; pois, ainda que os motivos pelos quais eu havia tomado essa resolução anteriormente fossem muito fortes, minha inclinação, que sempre me fez ter ódio pelo ofício de escrever livros, me fez prontamente encontrar outras para me dispensar desse propósito. E essas razões de uma parte e de outra são tais, que não somente tenho aqui algum interesse em contá-las, como talvez ainda o público o tenha em conhecê-las.

    Nunca dei muita importância para as coisas que vinha de meu espírito; e enquanto não colhi outros frutos do método do qual me sirvo, senão que me fiz satisfeito no que diz respeito a algumas dificuldades que pertencem ao domínio das ciências especulativas, ou então que tentei regular meus modos pelos argumentos que ele me ensinava, não acreditei ser obrigado a escrever nada a seu respeito. Acredito que, no que diz respeito aos costumes, cada um é tão abundante de juízos, que se poderia encontrar tantos reformadores quanto cabeças, se fosse permitido a outros que não aqueles que Deus estabeleceu como soberanos sobre seus povos, ou aos quais deu bastante graça e empenho para serem profetas, tentar mudá-los um pouco; e, muito embora minhas especulações me agradassem muito, acreditei que os outros também tivessem as suas e que lhes satisfizessem ainda mais, talvez. Logo que adquiri algumas noções gerais sobre a Física, e comecei a experimentá-las em diversas dificuldades particulares, percebi até onde podem conduzir, e o quanto são diferentes dos princípios utilizados até o momento. Acreditei que não podia omiti-las sem pecar enormemente contra a lei que nos obriga a procurar, tanto quanto esteja ao nosso alcance, o bem-estar geral de todos os homens. Elas me fizeram ver que é possível alcançar conhecimentos que sejam muito úteis à vida; e que, em vez dessa filosofia especulativa que se ensina nas escolas, pode-se encontrar uma prática, pela qual, conhecendo a força e as ações do fogo, da água, do ar, dos astros, dos céus e de todos os outros corpos que estão ao nosso redor, tão distintamente quanto conhecemos os diversos ofícios de nossos artesãos, nós as poderíamos empregar da mesma maneira em todas as funções para as quais são próprias, e assim nos tornarmos como que mestres e possuidores da natureza. O que é não somente desejável para a invenção de uma infinidade de artifícios, que fariam com que desfrutássemos, sem nenhum problema, os frutos da terra e todas as comodidades que nela somos capazes de encontrar, mas principalmente, também, para a conservação da saúde, a qual é, sem dúvida, o primeiro bem e o fundamento de todos os outros bens desta vida; pois mesmo o espírito depende tanto do temperamento e da disposição dos órgãos do corpo que, se for possível encontrar algum meio que torne comumente os homens mais sábios e mais hábeis do que foram até aqui, acredito que seja na Medicina que se deve procurá-lo. É verdade que aquela da qual se vale agora contém poucas coisas cuja utilidade seja tão notável; mas, sem que eu tenha qualquer intenção de a desprezar, eu me asseguro de que não exista ninguém, mesmo entre aqueles que a professam, que reconheça que tudo o que dela se sabe é quase nada em comparação com o que resta por saber; que poderíamos nos isentar de uma infinidade de doenças, tanto do corpo quanto do espírito, e mesmo talvez ainda do comprometimento da velhice, se tivéssemos conhecimento suficiente de suas causas e de todos os remédios que a natureza nos forneceu. Ora, tendo o desígnio de empregar toda a minha vida na busca de uma ciência tão necessária, e tendo encontrado um caminho que me parece tal que se deve inevitavelmente encontrá-la, se não for impedido de fazê-lo, ou pela brevidade da vida ou pela falta de experiências, julguei que não havia melhor solução contra esses dois impedimentos do que comunicar fielmente ao público qualquer descoberta que tivesse feito, por menor que fosse, e de convidar os bons espíritos a tentar ultrapassar, contribuindo cada qual segundo a sua disposição e seu poder, para as experiências que seria preciso realizar, e comunicando também ao público todas as coisas que aprendessem, a fim de que os últimos, começando por onde os precedentes tivessem concluído, e assim juntando as vidas e o trabalhos de vários, fôssemos todos juntos muito mais longe do que cada um sozinho poderia chegar.

Notei mesmo, no que diz respeito às experiências, que elas são tanto mais necessárias quanto mais avançado se esteja na pesquisa; pois, no começo, mais vale servir-se apenas daquelas que apresentam por si mesmas aos nossos sentidos, e que não poderíamos ignorar, todavia reflitamos, ainda que pouco, sobre elas, do que buscar as mais excepcionais e complicadas: a justificativa para isso é que essas mais excepcionais nos enganam frequentemente, quando não se conhece ainda as causas das mais comuns, e que as circunstâncias das quais dependem são quase sempre tão particulares e tão pequenas, que é muito difícil notá-las; mas a ordem que mantive nisso foi a seguinte: primeiramente tentei encontrar em geral os princípios, ou primeiras causas, de tudo o que existe ou que pode existir no mundo, sem nada considerar para esse efeito senão Deus apenas, que o criou, nem as tirar de outro lugar, senão de certas sementes de verdades que existem naturalmente em nossas almas; em seguida, examinei quais eram os efeitos primeiros e os mais comuns que se poderiam deduzir dessas causas e me parece que, por aí, encontrei céus, astros, a Terra, e mesmo sobre a terra, água, ar, fogo, minerais e outras coisas tais, que são as mais comuns de todas e as mais simples e, consequentemente, as mais fáceis de conhecer. Depois, quando quis descer àquelas que eram mais especiais, tão diversas me pareceram que não pude acreditar que fosse possível para o espírito humano distinguir as formas ou espécies de corpos que existem sobre a Terra, de uma infinidade de outras que poderiam nela existir se fosse a vontade de Deus aí colocá-las, nem por conseguinte, torná-las disponíveis para o nosso uso, a não ser que se vá ao encontro das causas pelos efeitos, e que se sirva de várias experiências particulares. Após o que, repassando o meu espírito sobre todos os objetos que alguma vez se apresentaram aos meus sentidos, ouso dizer que não notei nenhuma coisa que eu não pudesse muito confortavelmente explicar através dos princípios que eu havia encontrado. Mas é preciso ainda que eu reconheça que o poder da natureza é tão amplo e tão vasto, e que esses princípios são tão simples e tão gerais, que quase não percebo nenhum efeito particular, que não soubesse previamente, que possa ser daí deduzido de muitas e diversas formas, e que minha maior dificuldade é constantemente descobrir de qual dessas formas ele depende; pois, para isso, não sei de nenhum outro expediente senão buscar de novo algumas experiências que sejam tais que sua ocorrência não se dê da mesma maneira se for de uma dessas formas explicado e não de outra. De resto, estou agora onde posso ver, me parece, suficientemente bem qual caminho se deve seguir para fazer a maioria das experiências que podem servir para esse efeito; mas vejo ainda que são tais, e em tão grande número, que nem minhas mãos nem meus rendimentos, ainda que eu tivesse mil vezes mais do que tenho, seriam suficientes para todas; de modo que, conforme eu tenha de agora em diante a comodidade de fazê-las em maior ou menor número, avançarei também mais ou menos no conhecimento da natureza. Era o que eu propunha fazer conhecer, pelo tratado que escrevera, e demonstrar tão claramente a utilidade que o público poderia disso alcançar, que obrigaria a todos aqueles que desejam em geral o bem-estar dos homens, isto é, todos aqueles que são de fato virtuosos, e não por fingimento nem apenas por opinião, tanto a me comunicar aquelas que já realizaram quanto a me ajudar na busca daquelas que restam por fazer.

Tive desde então outros motivos que me fizeram mudar de opinião, e pensar que devia verdadeiramente continuar a escrever todas as coisas que eu julgasse de alguma importância à medida que eu lhes descobrisse a verdade, e lhes prestar o mesmo cuidado como se as quisesse fazer publicar, tanto a fim de ter a oportunidade de examiná-las bem, porque sem dúvida, se vê sempre com mais atenção aquilo que se acredita dever ser visto por vários do que aquilo que se faz apenas para si mesmo e, frequentemente, as coisas que me pareceram verdadeiras quando comecei a concebê-las, pareceram-me falsas quando as quis colocar no papel; seja a fim de não perder nenhuma oportunidade de ser útil ao público, se é que disso sou capaz, ou seja para que, se meus escritos valem alguma coisa, aquele que os tiverem depois de minha morte os possam usar como for mais conveniente; mas que não devia de modo algum aceitar que fossem publicados durante a minha vida, a fim de que nem as oposições e as controvérsias às quais estariam talvez sujeitos, nem mesmo a reputação, tal qual me pudessem conferir, dessem-me qualquer motivo de perder o tempo que o desejo empregar em me instruir. Embora seja verdade que cada homem é obrigado a procurar, quanto esteja ao seu alcance, o bem dos outros, e que é propriamente valer nada não ser útil a ninguém, todavia é verdade também que nossos cuidados se devem estender mais longe que o tempo presente, e que é bom omitir as coisas que trouxessem talvez algum proveito para aqueles que vivem, quando a intenção é fazer outras que ofereçam mais à nossa posteridade. Com efeito, quero que se saiba que o pouco que pude aprender até aqui é quase nada em comparação com o que ignoro e que não perco a esperança de poder aprender; pois se passa quase o mesmo com aqueles que descobrem pouco a pouco a verdade nas ciências, que com aqueles que, começando a se tornarem ricos, têm menos dificuldade em fazer grandes aquisições do que tiveram anteriormente, quando eram mais pobres, em fazer outras muito menores. Ou então pode-se compará-los a chefes de exército, cujas forças costumam crescer à proporção de suas vitórias, e que precisam de mais conduta para se manterem depois de perder uma batalha, do que têm, depois de tê-la ganhado, para conquistar cidades e províncias. É verdadeiramente travar batalhas tentar vencer todas as dificuldades e os erros que nos impedem de atingir o conhecimento da verdade, e é perder uma delas receber qualquer falsa opinião no tocante a um assunto um tanto geral e importante; é preciso, depois, muito mais destreza para se recolocar no mesmo estado que antes, o que não é necessário para fazer grandes progressos quando já se tem princípios que estejam garantidos. Quanto a mim, se até então encontrei algumas verdades nas ciências — e espero para que as coisas que estão contidas neste livro façam julgar que encontrei algumas —, posso dizer que essas são apenas consequências e complementos de cinco ou seis principais dificuldades que superei, e que conto, portanto, como batalhas em que tive a sorte do meu lado. Não temerei mesmo dizer que penso precisar ganhar apenas duas ou três outras parecidas para realizar inteiramente meus desejos; e que minha idade não é tão avançada que, conforme o sentido geral da natureza, eu não possa ainda ter bastante tempo livre para esse efeito. Mas acredito ser tanto mais obrigado a poupar o tempo que me resta quanto mais esperança tenho de o poder empregar bem; e teria, sem dúvida, várias oportunidades de o perder, se publicasse os fundamentos de minha física. Ainda que sejam quase todos tão evidentes que basta entendê-los para neles acreditar, e que não haja nenhum de que eu não pense poder dar demonstrações, pois é impossível que estejam em concordância com todas as outras diversas opiniões dos outros homens, prevejo que seria frequentemente desvirtuado pelas oposições que fariam nascer.

    Pode-se dizer que essas tais oposições seriam úteis, tanto a fim de me fazer reconhecer as minhas faltas quanto a fim de que, se eu tivesse alguma coisa de bom, os outros dela tivessem, assim, mais entendimento e, como vários podem ver mais do que um homem só, e, começando desde agora a servirem-se dela, me ajudassem também com suas invenções. Ainda que eu me conheça extremamente apto a cometer enganos, e que não tenha confiança quase nunca nos primeiros pensamentos que me surgem, todavia, a experiência que tenho das objeções que me podem fazer me impede de esperar delas algum proveito: pois frequentemente provei os julgamentos, tanto daqueles que eu tinha por meus amigos, quanto de alguns outros aos quais eu pensava ser indiferente, e mesmo também de alguns dos quais eu sabia que a malícia e a inveja tentariam descobrir o que a afeição esconderia dos meus amigos; mas raramente aconteceu que me tenham contestado sobre alguma coisa que eu não tivesse, de modo algum, previsto, a menos que estivesse muito distante do meu assunto; de modo que quase nunca encontrei algum censor de minhas opiniões que não me parecesse menos rigoroso ou menos equitativo do que eu mesmo. E jamais notei tampouco que por meio dos debates que se praticam nas escolas se tenha descoberto alguma verdade que se ignorasse anteriormente; pois enquanto cada um tenta vencer, exercita-se bem mais em fazer valer a plausibilidade do que em pesar os argumentos de uma parte e de outra; e aqueles que foram por muito tempo bons advogados não são por isso, subsequentemente, melhores juízes.

Quanto à utilidade que os outros encontrariam a partir da comunicação de meus pensamentos, não poderia também ser muito grande, visto que ainda não os conduzi tão longe que não seja necessário acrescentar-lhes muitas coisas antes de aplicá-los ao uso. E penso poder afirmar, sem vaidade, que se houver alguém que seja capaz disso, esse deve ser antes eu do que algum outro: não que não possa haver no mundo vários espíritos incomparavelmente melhores do que o meu, mas porque não se poderia tão bem conceber uma coisa e torná-la sua, quando se aprende de outra pessoa, quanto quando nós mesmos a descobrimos. O que é tão verdadeiro, nesse assunto, é que embora eu tenha com frequência explicado algumas de minhas opiniões a pessoas de muito bom espírito, e que, enquanto eu lhes falava, pareciam entendê-las muito claramente, quando as repetiam, notei que as tinham mudado quase sempre de tal modo que eu não podia mais as reconhecer como minhas. Eis porque estou bastante satisfeito em pedir aqui, à nossa posteridade, para que não acredite jamais que as coisas que lhe digam vêm de mim, quando eu mesmo não as tiver divulgado; e não me espanto, de maneira alguma, com as extravagâncias que se atribuem a todos esses velhos filósofos cujos escritos não temos, nem julgo por isso, que seus pensamentos tenham sido muito incoerentes, visto que eram os melhores espíritos de seu tempo, mas somente que fomos mal-informados a seu respeito. Como vê-se ainda que quase nunca aconteceu que alguns de seus seguidores os tenha superado; e estou seguro de que os mais apaixonados daqueles que seguem agora Aristóteles se considerariam felizes se tivessem tanto conhecimento da natureza quanto ele, ainda mesmo que fosse com a condição de que jamais o teriam mais do que ele. Eles são como a hera, que não tende a subir mais alto do que as árvores que a sustentam e, mesmo com frequência, descem novamente, depois de terem alcançado a sua copa; pois me parece também que descem novamente, isto é, tornam-se de alguma forma menos sábios do que se tivessem se recusado a estudar, os quais, não satisfeitos em saber tudo o que é inteligivelmente explicado em seu autor, querem, além disso, nele encontrar a solução para várias questões sobre as quais nada disse, e sobre as quais talvez nunca tenha pensado. Filosofar é muito cômodo para aqueles que têm apenas espíritos bastante medíocres; pois a obscuridade das distinções e dos princípios dos quais se servem é a causa de que podem falar de todas as coisas com tanta ousadia quanto se as conhecessem, e sustentar tudo o que dizem contra os mais sutis e os mais hábeis sem que se tenha meio de convencê-los. Parecem semelhantes a um deficiente visual que, para lutar sem desvantagem contra alguém que enxergue, o fizesse ir ao fundo de algum porão muito escuro; e posso dizer que esses têm interesse em que eu me abstenha de publicar os princípios da filosofia dos quais me sirvo; pois sendo muito simples e muito evidentes como são, eu faria quase a mesma coisa publicando-os que se eu abrisse algumas janelas e fizesse entrar o dia nesse porão aonde desceram para lutar. Mesmo os melhores espíritos não têm a oportunidade de desejar conhecê-los, porque se quiserem saber falar de todas as coisas, e adquirir a reputação de serem sábios, eles o conseguirão mais facilmente se contentando com a verossimilhança, que pode ser encontrada sem grande dificuldade em todo tipo de assunto, do que buscando a verdade, que só se descobre pouco a pouco em alguns, e que, quando é o caso de falar dos outros, obriga-nos a confessar francamente que os ignoramos. Visto que preferem o conhecimento de algumas poucas verdades à vaidade de parecerem nada ignorar, como sem dúvida é bem preferível, e querem seguir um desígnio semelhante ao meu, não tem necessidade, para isso, que eu lhes diga nada mais daquilo que já disse nesse discurso, porque se forem capazes de ir mais adiante do que fui, o serão também, com muito mais razão, de encontrar por si mesmas tudo o que eu penso ter encontrado; pois não tendo jamais nada examinado, exceto por ordens, é certo que o que me resta ainda a descobrir é evidentemente mais difícil e mais oculto do que aquilo que pude até então encontrar, e eles teriam bem menos prazer em aprender comigo do que por si mesmos; além do que o hábito que adquirem, buscando em primeiro lugar as coisas fáceis, e passando pouco a pouco, gradualmente, a outras mais difíceis, será para eles mais útil do que todas as minhas instruções poderiam fazê-lo. Quanto a mim, estou convencido de que se tivessem me ensinado desde a juventude todas as verdades cujas demonstrações busquei mais tarde, e se não tivesse encontrado nenhuma dificuldade em aprendê-las, não teria talvez nunca chegado a saber de algumas outras, e pelo menos nunca não teria adquirido o hábito e a facilidade, que penso ter, de encontrar sempre verdades novas à medida que me aplico a buscá-las. E em uma palavra, se há no mundo alguma obra que não possa ser tão bem feita por algum outro que não o mesmo que a começou, é aquela na qual trabalho.

É verdade que, no que diz respeito às experiências que podem servir para isso, um homem sozinho não seria o bastante para fazê-las todas, e sequer poderia empregar utilmente outras mãos que não as suas, exceto aquelas dos artesãos, ou das pessoas às quais pudesse pagar, e às quais a esperança do ganho, que é um meio muito eficaz, faria executarem exatamente todas as coisas que ele determinasse. Os voluntários que, por curiosidade ou vontade de aprender, talvez se oferecessem para ajudá-lo, além de terem ordinariamente mais promessas do que efeito, e de só fazerem atraentes proposições que nunca seriam bem-sucedidas, desejariam inevitavelmente ser pagos pela explicação de algumas dificuldades, ou ao menos por cumprimentos e conversas sem utilidades, que lhe poderiam custar seu tempo, por pouco que fosse perder. E quanto às experiências que os outros já realizaram, ainda que quisessem comunicá-las, o que aqueles que as chamam de segredos nunca fariam, são, na sua maioria, compostas de tantas circunstâncias ou elementos supérfluos, que seria muito difícil lhes decifrar a verdade; além do que as acharia, quase todas, tão mal explicadas, ou mesmo tão falsas, visto que aqueles que as fizeram esforçaram-se por fazê-las parecerem conforme seus princípios, e que se houvesse algumas que lhe servissem, não poderiam valer o tempo que lhe seria necessário empregar a fim de selecioná-las. De modo que, se houvesse no mundo alguém que se soubesse seguramente ser capaz de encontrar as maiores coisas e as mais úteis ao público, e que, por esse motivo, os outros homens se esforçassem, por todos os meios, para ajudá-lo a realizar seus objetivos, não vejo que pudessem fazer outra coisa por ele senão arcar com os custos das experiências das quais precisasse e, de resto, impedir que seu tempo livre fosse suprimido por alguém inoportuno. Além de não presumir tanto de mim mesmo para querer prometer algo extraordinário, nem me alimentar de pensamentos tão vãos quanto supor que o público se deva muito interessar por meus planos, não tenho tampouco a alma tão menor que queira aceitar de quem quer que seja qualquer favor que se possa crer que eu não tenha merecido.

Todas essas considerações juntas foram motivo, há três anos, de que eu não quisesse divulgar o tratado que tinha em mãos, e mesmo que tomasse a decisão de não publicar nenhum outro, durante minha vida, que fosse tão abrangente, nem através do qual se pudesse entender os fundamentos de minha física. Houve depois novamente dois outros motivos que me obrigaram a colocar aqui alguns ensaios particulares, e a prestar ao público alguma conta de minhas ações e de meus objetivos. A primeira é que, se eu não o fizesse, vários, que souberam da intenção que eu tivera até então de publicar alguns escritos, poderiam supor que as causas pelas quais me abstivera de fazê-lo seriam mais para a minha desvantagem do que o são. Embora eu não ame excessivamente a glória, ou mesmo, se ouso dizer que a desprezo, visto que a julgo contrária à tranquilidade, a qual estimo sobre todas as coisas, nunca tentei omitir minhas ações como crimes, nem tomei muitos cuidados a fim de permanecer desconhecido, tanto por acreditar que me faria mal, quanto porque me daria uma espécie de inquietação, que seria novamente contrária ao perfeito repouso do espírito que procuro. E dado que, me tendo assim indiferente entre o cuidado de ser conhecido ou de não sê-lo, não pude impedir que eu adquirisse algum tipo de reputação, pensei que devia fazer o meu melhor a fim e me isentar, ao menos, de ter uma que fosse má. O outro motivo que me obrigou a escrever este livro é que, vendo a cada dia mais e mais o atraso que sofre a meta que tenho de me instruir, por causa de uma infinidade de experiências das quais tenho necessidade, e que é impossível que eu as faça sem a ajuda de uma outra pessoa. Não me orgulho tanto a ponto de esperar que o público tome grande parte em meus interesses, todavia não quero tampouco faltar tanto para comigo mesmo que dê motivo para aqueles que permanecerão depois de mim de me acusarem algum dia de ter podido lhes deixar várias coisas muito melhores do que deixei, se não tivesse negligenciado demais fazê-los entender em que poderiam contribuir para os meus objetivos.

E pensei que seria fácil escolher alguns assuntos que, sem estarem sujeitos a muitas controvérsias, nem me obrigarem a declarar mais sobre os meus princípios do que tenho a intenção de fazer, não deixariam de mostrar muito claramente o que posso ou não posso nas ciências. No que eu não saberia dizer se fui bem-sucedido, e não quero propiciar os julgamentos de ninguém, falando eu mesmo dos meus escritos; mas me agradaria muito que os examinassem; e a fim de que haja tanto mais oportunidades, suplico a todos aqueles que tenham qualquer objeção a fazer que se deem ao trabalho de enviá-la ao meu editor, pelo qual serei advertido e tentarei anexar-lhe minha resposta concomitantemente. Por esse meio os leitores, vendo juntas uma e outra, julgarão tanto mais facilmente a verdade, pois prometo nunca dar respostas extensas, mas somente reconhecer meus enganos muito francamente, se eu os reconhecer, ou, se não os puder perceber, dizer simplesmente o que acreditar ser necessário para a defesa das coisas que escrevi, sem acrescentar a explicação de algum novo tema, de modo a não me comprometer sem fim de um a outro.

Se algumas daquelas de que falei no começo da Dióptrica e dos Meteoros chocarem de início, porque as denomino suposições, e não pareço ter vontade de comprová-las, que se tenha a paciência de ler tudo com atenção, e espero que se encontrarão satisfeitos. Parece-me que as explicações se seguem de tal modo que, as últimas são demonstradas pelas primeiras, que são as suas causas, essas primeiras o são reciprocamente pelas últimas, que são os seus efeitos. E só se deve supor que eu cometa nisso o erro que os lógicos denominam de círculo; pois que a experiência tornando a maioria desses efeitos muito certos, as causas das quais os deduzo não servem tanto para prová-los quanto para explicá-los; mas, ao contrário, são elas que são provadas por eles. E não as denominei suposições somente a fim de que se saiba que penso poder deduzi-las dessas primeiras verdades que expliquei anteriormente, mas que quis expressamente não fazê-lo para impedir que certos espíritos — que imaginam que sabem em um dia tudo o que um outro pensou durante vinte anos, tão logo ele lhes tenha somente dito duas ou três palavras a respeito, e que são tanto mais sujeitos a falhar, e menos capazes da verdade, quanto mais penetrantes e vivos são — possam aproveitar a oportunidade para construir alguma filosofia extravagante sobre o que acreditam ser meus princípios e que me atribuam a responsabilidade disso. Quanto às opiniões que são totalmente minhas, não as desculpo como novas, tanto mais que, se forem bem consideradas suas justificativas, estou seguro de que as achará tão simples e tão concordantes com o senso comum, que parecerão menos extraordinárias e menos estranhas do que qualquer outra que se possa ter sobre os mesmos assuntos; e nem sequer me orgulho de ser o inventor de nenhuma delas, mas antes de nunca as ter admitido, nem porque tenham sido ditas por outra pessoa, nem por que o tenham sido, mas somente porque a razão me convenceu acerca delas.

Se os artesãos não puderem tão logo realizar a invenção que é explicada na Dióptrica, não creio que se possa dizer por isso que seja má; pois, visto que é necessário destreza e hábito para fazer e para ajustar as máquinas que descrevi, sem que nelas falte nenhuma condição, não me espantaria menos se conseguissem na primeira tentativa, do que se alguém pudesse aprender em um dia a tocar o alaúde de maneira excelente, só porque lhe tivessem dado uma partitura que fosse boa. E se escrevo em francês, que é a língua de meu país, e não em latim, que é a língua de meus preceptores, é porque espero que aqueles que só usam a sua razão natural totalmente pura julgarão melhor minhas opiniões do que aqueles que acreditam apenas nos livros antigos; e quanto àqueles que unem o bom senso ao estudo, os únicos que desejo como meus juízes, não serão, tenho certeza, tão partidários do latim, que se recusem a ouvir meus argumentos porque os explico em língua vulgar.

De resto, não quero falar aqui, em particular, dos progressos que tenho a esperança de fazer futuramente nas ciências, nem me comprometer com o público com nenhuma promessa que eu não esteja certo de cumprir; mas direi somente que resolvi não empregar o tempo que me resta para viver em outra coisa senão tentar adquirir algum conhecimento da natureza, que seja tal que dele se possa inferir regras para a Medicina, mais seguras do que aquelas que tivemos até o momento; e que minha inclinação me afasta tanto de todo tipo de outros desígnios, principalmente daqueles que só poderiam ser úteis a uns em prejuízo de outros, que, se algumas circunstâncias me forçassem a me dedicar a isso, não penso que seria capaz de ser bem-sucedido. Faço aqui uma declaração que sei bem não poder servir para me tornar respeitável no mundo, mas também não tenho nenhuma intenção de sê-lo; e me sentirei sempre mais grato àqueles por cujo favor desfrutarei meu tempo livre sem impedimento, do que o seria com aqueles que me oferecessem os mais honrosos empregos da Terra.